奋斗在基层一线的人大人

中国人民大学校友口述史（第三辑）

中国人民大学校友工作办公室　编写

中国人民大学出版社
·北京·

编 委 会

序 PREFACE

2022 年 4 月 25 日，在五四青年节即将到来之际，习近平总书记来到中国人民大学考察调研时表示："希望广大青年用脚步丈量祖国大地，用眼睛发现中国精神，用耳朵倾听人民呼声，用内心感应时代脉搏，把对祖国血浓于水、与人民同呼吸共命运的情感贯穿学业全过程、融汇在事业追求中。"

2015 年 11 月，《中共中央 国务院关于打赢脱贫攻坚战的决定》出台，对打赢脱贫攻坚战做出全面部署，要求通过发展生产、易地搬迁、生态补偿、发展教育、社会保障兜底等措施解决贫困人口脱贫问题。2017 年 10 月，党的十九大提出坚持精准扶贫、精准脱贫，确保到 2020 年我国现行标准下农村贫困人口实现脱贫，贫困县全部摘帽，解决区域性整体贫困，做到脱真贫、真脱贫。新中国成立 70 余年来，城乡居民收入大幅增加，人民生活水平有了很大提高。数据显示，1949 年我国居民人均可支配收入仅为 49.7 元，2018 年居民人均可支配收入达到了 28 228 元，扣除物价因素实际增长 59.2 倍，年均实际增长 6.1%。按照 2010 年农村贫困标准，1978 年年末，我国农村贫困人口 7.7 亿人，农村贫困发生率高达 97.5%；2012 年年末，我国农村贫困人口降至 9 899 万人，农村贫困发生率降至 10.2%；2018 年年末，我国农村贫困人口减少至 1 660 万人，农村贫困发生率降至 1.7%。

在这场没有硝烟的战争里，许多奋斗在基层一线的年轻校友把自己的青春和才华都投入这项对中华民族具有重大意义的伟业中，真正地用脚步丈量祖国大地。从在校学生到基层干部的身份转变，让他们的视角也随之发生了转变——看到贫困，思考的不再仅仅是怎么写稿件，更多的则是如何履行好扶贫干部的职责，如何克服一切困难，和当地干部、群众一起战贫斗困。无数次跋山涉水，深入每一个深度贫困村、每一户贫困群众家中详细调研；无数次和脱贫攻坚指挥部的同志们一起熬夜工作到天明；无数次和乡镇、村的干部们在群众大会上耐心做思想工作……一次次不分白天黑夜的连续作战，一场场不分你我、各抒已见的工作讨论，一个个费尽心血的产业攻略，一夜夜拖着疲惫的身体回到宿舍，这一幕幕已经深深印在他们的脑海。

在这里，他们感受到了前所未有的震撼，经历了前所未有的磨炼。了解了中国的农民、中国的贫困，了解了基层一线的党员干部，了解了带领全县脱贫攻坚的领导干部，也让他们体悟到，好的文章不是在书房里写就的，而是写在祖国大地上。这对每一位年轻的校友来说，都是何其有幸、何其豪迈的一件事情，是人生难得的历练机会，是人生价值最好的体现。本书采访的27位校友讲述了他们人生中这一正确的抉择和难得的经历。他们在基层扶贫的经历，展现了党的十八大以来在以习近平同志为核心的党中央坚强领导下推进精准扶贫的波澜壮阔的场景，一定程度上体现了基层一线工作中扶贫济困、守望相助的传统美德，生动诠释了改革创新、攻坚克难的精神风貌，反映了他们不忘初心的使命担当和对人民的深厚情怀。本书试图从干部之重、群众之善、扶贫之艰、山区之变展现出他们亲身经历、亲眼观察到的脱贫攻坚全过程，从微观角度反映出中国共产党领导全国人民立足千年大计，奋力推进脱贫攻坚的伟大历程。

这些校友的讲述以敏锐的眼光、明快的笔触，给予我们非常强的镜头感、现场感，人物和事件都是生动鲜活、有血有肉的，让人有身临其境之感。扶贫工作要以实际行动和可见的获得感让老百姓真正认识到中国共产党为什么能、中国特色社会主义为什么行、改革开放为什么好。

如今，我国现行标准下农村贫困人口实现脱贫、贫困县全部摘帽、解决区域性整体贫困的目标任务已经全部完成，在党的领导下，曾经的穷山恶水变成了绿水青山和金山银山。但是脱贫攻坚工作并不会就此完结，全部脱贫不是终点，而是起点。我们要努力做好乡村振兴工作，全面实施乡村振兴战略的深度、广度、难度都不亚于脱贫攻坚，要完善政策体系、工作体系、制度体系，以更有力的举措汇聚更强大的力量，加快农业农村现代化步伐，促进农业高质高效、乡村宜居宜业、农民富裕富足。

校友们的基层经历改变了他们对基层社会的看法。他们深刻了解到，要站稳群众立场，对人民群众常怀感恩之心、心怀敬畏之感，始终保持同人民群众的血肉联系，以对党和人民高度负责的态度做好本职工作。

要牢记习近平总书记在中国人民大学考察时所强调的："希望全国广大青年牢记党的教诲，立志民族复兴，不负韶华，不负时代，不负人民，在青春的赛道上奋力奔跑，争取跑出当代青年的最好成绩！"

目　录 CONTENTS

包洪友

|人物简介|

包洪友，男，汉族，中共党员，四川邻水人，曾任四川省马边彝族自治县雪口山镇党委书记。2004—2006年就读于中国人民大学法学院，获硕士学位。2006年参加四川省委组织部选调，先后在四川省乐山市五通桥区人民政府、区纪委（任区纪委常委）工作。2021年担任马边县经信局局长，现任乐山市金口河区人民政府副区长。

◎ 人大校训，深深烙在了我的心里

关于从英语专业转到法律专业，本科时英语老师的一番话对我影响至深。

我记得当时她说："中国的法律人才缺口巨大，好的法律和执行者对国家的发展起着至关重要的作用。"法者天下之公器，凭借着对法律的热爱以及想要为国家贡献自己的一份力量的决心，最终我选择来到人大法学院就读。

来到人大后，最令我印象深刻的就是人大的校训"实事求是"。人大校训一直是我此后学习、工作与生活的指南。在学习期间，人大的老师们在传道授业解惑时皆秉持着实事求是的原则，教会我们如何坚持这个原则，指导我们如何研究问题、分析问题和解决问题。

特别是在脱贫攻坚的过程中，我们在基层落实政策时往往遇到很多特殊情况。在这种情况下，我们要把脱贫攻坚的工作干好，就必须坚持实事求是的原则，并在这一基础上搞好适度的创新。

2016 年，我初到马边彝族自治县雪口山镇，这里条件艰苦。在脱贫攻坚的过程中，我们首先面临的是群众住房问题。山区的居住环境极其恶劣，满足群众脱贫的最基础需要与现实的环境之间不可避免地存在严重的冲突。

起初我们按照传统模式选取一个村进行脱贫试点工作，由于经验不足，我们没有考虑到土地利用分配的问题，大量优质的土地用于建房，而其他生产生活活动只能在生产效率较低的土地上进行。

吸取教训后，我们坚持按照实事求是的原则办事。我们决定推陈出新，在整个四川省开启楼盘式安置的践行模式。

但这个计划因为和彝区的传统民俗不大相符，在施行中面临着非常大的阻力。我们耐心细致地做群众的思想工作，始终坚持推进这个事情，在全省开启楼盘式安置的做法，取得了非常大的成功。之后，大凉山其他生存环境更为恶劣的地区也纷纷采用了这种模式，节约了约 80% 的土地，一定程度上解决了耕地资源非常有限的问题，确保有更多的土地用于生产生活，保障人民的基本粮食需求。

在脱贫攻坚的过程中，虽然流下了许多汗水，付出了许多努力，也有很多委屈，还遭遇了一些挫折，但能取得这样的成果，能为国家的发展尽自己的绵薄之力，我感到非常欣慰。

思想指引行动。我深深地体会到，这些成果背后依靠的就是实事求是的原则和精神。将实事求是的指导原则与具体行动相统一，对建设美丽乡村和促进乡村全面振兴发展起着重要作用。作为人大校训的拥护者和践行者，我已将“实事求是”这四个字深深记在心里。

◎ 哪里有困难，哪里就是我的主阵地

15 年间，我接连在不同部门任职。“规则”“底线”“执着”是我工作的三个关键词。

首先是规则。整个社会都是在规则的约束下运行的。这个规则包含了法律规则、社会习俗和民间风俗。这些整体上构成了我们的社会规则。我们每个人只有适应规则、适应社会，才能够朝着正确的方向行稳致远。当我们在社会规则的框架中做事时，很多事情都会井然有序、事半功倍。

其次是底线。任何一个规则都不能触碰到底线。每个人必须在底线之上办事，因势利导。对于我们政府工作人员来说，有了底线意识就有了安全保障——不仅是个体生命的安全保障，也是政治生命的安全保障。有了政治生命的安全，我们才能够在今后的工作中更好地用我们的能力去服务社会。

最后是执着。事情永远都不会是一帆风顺的。执着的人所坚持

的是自己的方向和目标，并且在不断追求的过程中为之努力和奋斗，勇于承认失败，敢于战胜失败，越挫越勇。在这种执着精神的引导下，我们把工作做到最好。

身为人民公仆，我清楚身上的责任和担当。哪里有困难，哪里就是我的主阵地。

在开展脱贫工作前，雪口山镇贫困程度非常严重。雪口山镇约有 15 000 人，其中有 800 多户贫困户。当地的居住环境极其恶劣，约有一半的村民居住在七十度坡以上的山区。在这种环境下，要脱贫就要解决群众出行难的问题。乡亲们长期生活在山区，与外界接触较少，他们的眼界需要开阔，思想意识需要改变。

在短短的四五年间，我们实现了所有贫困群众的脱贫，解决了所面临的现实困境产生的矛盾。

“修三年垮三年，修修补补又三年。”人们常用这样的话来描述山区修路的状况。为了从根本上解决群众出行难的问题，我们反复进行实地调研。在一次踏勘的过程中，有 8 位同志牺牲在了踏勘的路上……

脱贫攻坚，任重道远。我们擦干眼泪，继续前行。

每个地方都有它的实际情况。刚毕业的大学生，尤其是刚接触基层工作的人，一个很大的优点是头脑非常灵活。这使得我们适应社会的能力非常强，但所欠缺的就是对群众、对基层的了解。

所以，到了基层之后，我们首先要适应并深入地了解这个社会，才能对基层的各种情况做出及时的判断，然后再将在学校学到的知识和先进的理念运用到工作当中。在这个过程中，要始终葆有大局意识和奉献精神。只有真正扑下身子，保持优良作风，扛起脱贫攻坚的主体责任，才能达到事半功倍的效果，才能有效推进扶贫工作，真正扶到点上、扶到根上。

◎ 专心致志，以事其业

我面对的雪口山镇，是贫中之贫、困中之困的顽固堡垒。要实现最终的脱贫摘帽，就必须实施有效的精准扶贫，因地制宜地精准施策。因此，我和雪口山镇的干部们一起，不断努力推进教育扶贫、产业扶贫、生态扶贫等项目落地生根、开花结果。

教育在一定程度上是一个地区经济发展状况的风向标。在一次招工工作中，我深刻认识到了当地教育长期落后的现实——整个地区的群众普遍缺乏知识，文化程度低，思维受限。

于是，我牵线搭桥发起了"'遇见最好的自己'吴玉章公益基金马边雪口山公益行"活动来支持山区教育事业的建设。在这里，我要向人大的校友们表示诚挚的感谢。在一对一的帮扶过程中，我把二三十人的指标发到人大实践教育群里后，不到 10 分钟就被认领完。这充分证明了我们人大学子都非常关心贫困地区的脱贫工作，都能用自己的实际行动帮助群众脱贫致富。

都说教育扶贫才是真扶贫。扶贫先扶智，治贫先治愚。要想斩断山区的代际贫困，唯有教育。最好的途径，就是从娃娃抓起。教育，让孩子不输在起跑线上，从而让贫困家庭"穷不过一世"。在人大校友的共同努力下，一些孩子真正地走出了贫穷与愚昧的大山。这是真正的知识改变命运。我所在的雪口山镇，经过这几年基础设施的建设，使那些生活条件极其艰难的学生家庭搬到了城镇，学生求学的学校也同步搬到了城镇，尽可能地全方位覆盖教育扶贫体系。我对国家的未来充满信心，相信只要这些孩子能够从小接受良好教育，能够适应新社会新生活，整个国家在下一步的发展过程中就能够有更多的优秀人才涌现出来，推动国家的科技化、现代化。

教育之所以落后，很大程度上是因为经济发展缓慢，无法支撑教育发展。在脱贫攻坚战中，产业扶贫可以说是快速增收的有效途径。因此，在脱贫工作中，我和干部们积极引领群众外出务工、建立省级现代农业园区、创建扶贫车间、开发并提供新的工作岗位等，不断提高他们的收入水平。我经常走访群众。群众反映，共产党为彝区做了很多事情，如为每一户匹配了 6 000 元的产业资金。群众用其作为初始资金，从最初的零收益增长到现在的几十万元产值。国家的脱贫政策彻底改变了他们的生活。我们积极发展壮大特色产业经济，进一步发展林下种植养殖业，推动林下旅游发展，真正让老百姓的腰包都鼓起来。

以项目惠民生，以项目促发展。时任绍兴市越城区区长金晓明带队到马边来考察时，我积极地向他争取东部地区先进资源。金区长了解了雪口山镇的情况后，欣然同意。2017 年，客运服务中心、应急避难场所、乡镇卫生院等一个个项目落地生根。我体会到，东西部扶贫协作确实精准高效地推动了西部地区的发展。

除了产业扶贫之外，我还带领群众不断探索生态扶贫的路径。雪口山镇依山傍水。为了让这里的河流长治长美，我按照中央部署，和干部们一起全面推行河长制。起初的阻力来自群众的传统思维。通过大量的引导、宣传和实践，这个问题基本解决。大家逐渐认识到，河流作为生态环境的重要组成部分，是地区发展的有力引擎。绿水青山就是金山银山，把河道、河流等治理好了，整个地区的发展包括农业生产、日常休闲产业等都将从中受益。如今，这一河清水的红利正在释放，为实施下一步旅游计划创造了条件。

我和同志们积极践行生态扶贫的理念，致力于经济与生态保护的协调发展。在群众农业生产空闲时，我们鼓励他们从事养殖业。在这个过程中，群众的思想得以改变，群众能够结合实际需要进行生态环境保护工作，满足了消除贫困和保障生态安全的双重需要。在未来，我相信，雪口山镇的人民一定能闯出更多的致富路。

◎ 志之所趋，无远弗届

2020 年 2 月，马边县正式退出了贫困县序列。我们雪口山镇的脱贫攻坚工作也取得了决定性的成果。

作为这一过程的参与者和见证者，我感到非常自豪。我虽然在实战的过程中不可避免地遇到了纷繁复杂的困难，但在人大校训“实事求是”的指导下，通过在学校学到的学科知识，帮助当地做了一定的改变，为脱贫贡献了一份力量。

对于雪口山镇的群众来说，脱贫摘帽不是终点，而是新生活新奋斗的起点。打赢了脱贫攻坚战之后，我和雪口山镇的干部、群众站在了新的起点上。

践行乡村振兴战略，除了继续引导群众彻底改变传统落后的风俗习惯，还要进一步发展种植业、养殖业、观光旅游等特色产业。我相信，这些产业最终能够真正帮助群众实现致富、推动乡村振兴。

泰山不让土壤，故能成其大；河海不择细流，故能就其深。没有一种根基，比扎根于群众更坚实；没有一种力量，比从群众中汲取更持久。

建议人大学子毕业之后，多到基层走一走。工作经验来源于生活。多接触多了解基层生活，从群众中汲取经验与智慧，会对下一步的工作与生活有极大的帮助。

最后我要告诉师弟师妹们：任何一个地方都是一个舞台，要积极在舞台上表现自己，展现自己。我相信，人大学子只要牢记我们“实事求是”的校训，再秉持执着的精神，不管在哪里，一定会有收获。

贵在坚持，贵在执着。

包洪友自述，本次采访时间为2021年，由中国人民大学校友工作办公室负责录音整理及文字编辑。

鲍金虎

|人物简介|

鲍金虎，2000—2002 年就读于中国人民大学法学院，获硕士学位。广电总局政策法规司综合处处长，广电总局二级巡视员，挂职北京演艺集团总经理助理。2019 年 6 月积极响应广电总局号召，主动请缨赴“三区三州”深度贫困县之一四川省甘孜藏族自治州德格县，挂职县委常委、副县长，负责广电总局在德格县的定点扶贫工作，配合当地党委和政府决战决胜脱贫攻坚。2021 年，鲍金虎荣获“全国脱贫攻坚先进个人”。

◎ 困知勉行，积厚成器

我是农民的孩子，一个来自贫困县贫困镇贫困村贫困家庭的贫困孩子。

岁月从来不曾模糊我对于贫困的记忆。我家在福建省永泰县同安镇联坪村。提起福建，很多人印象里都觉得整体比较富裕。但实际上，在我年幼的时候，福建的发展极不平衡，不仅东西部发展不平衡，东部自身发展也不平衡。身处贫困之中，我对于贫穷和困难有着真真切切的感知和经历。

家里以务农为生，母亲没上过学，父亲也只是初中毕业。我插过秧，上山砍过柴，喂过猪，放过牛，该干的活都干过。因为经济条件不好，我是吃“地瓜米”长大的。“地瓜米”是红薯切成丝晒干而成的一种食物。那时候大米很少，家里做饭都是省着放：放一点大米，大米上面放一点“地瓜米”。

求学之路，从一开始就很坎坷。村里面的小学只办到二年级，而且因为只有一个老师，所以混班上课。到了三年级，我只能去隔壁村的学校。路上要走三四个小时，都是荆棘小路。背着书包，还要带着自己一天的口粮——当然依旧是“地瓜米”。

艰难困苦，是一种磨炼，也是一种激励。目之所及的是环境的艰苦：上初中的时候学校里才通电，上高中的时候村里才开始有大路。切身感受到的更有学业坚持的不易。我那个时候，小学毕业能上初中的学生本来就少，从初中考上高中、从高中考上大学的更是少之又少。我记得高三那年，我们整个学校就我一个人考上了大专。后来我自己放弃了大专，又复读了一年，才考上了本科。当时选择了福州大学，一方面是因为自己分数还可以，另一方面也是考虑经济原因——离家近。

年少时形成的懵懂价值观，往往会影响此后人生轨迹的延展。我上大学是在 1993 年。我父母对于填报志愿都没什么概念，那时候只想我能考上大学、能从农村出来。我自己倒是有了一些目标和方向。改革开放的春风正劲，外向型经济在福建很活跃，企业管理又是当时火热的领域，因此我打定主意，选择了企业管理专业。

现在回想大学时光，我觉得当时的本科教育主要还是通识教育。我们那时候的企业管理专业，从学科建设来讲还不是特别完善，不像现在有一些特别系统化的应用教程，但从课程内容来讲涵盖面广、实操性强，既有高数，也有质量管理、生产管理，还有会计税务、成本控制等。

除了有的放矢地学习之外，我也收获了一些有意无意的启发。我印象很深的是本科期间选修了“资本论”。当时大学进行改革，课程已经有了必修课、选修课的区分。全校那么多学生，选修“资本论”的不到十个人。其实那个时候，学了也不一定真正懂得，但培植下了一点意识，总归有所裨益。

“农村出来的孩子”，说起来这个身份有利也有弊。一开始我的见识少，大学生活很单调。特别是在大一、大二，我不会娱乐，唱歌跳舞之类的都不会，只能天天泡教室。可与生俱来的“野性”，使我找到了体育这个释放的出口。我上大学的时候曾经组织了一支队伍，从福州骑自行车到北京，骑行路程大约有两千公里。日常我们还会进行长跑、徒步以及一些球类运动。说白了，农村出来的孩子，天生就“野性十足”。

我经常说，我上初中没去过县城，上高中没去过省城，上大学才来到京城。以脚步丈量大地的过程，也是我用心感知时代、用行动体会成长的过程。2000 年，我和人大结缘，成为人大法学院的一名法律硕士研究生。而这份缘，始于一个意外。

我本科毕业之后工作了三年。刚好当时一个学法律专业的同学在准备全国律师资格考试，我陪他去报名。他开玩笑说你也报名吧，我就报了。之后按部就班准备考试，没想到结果出来，我居然通过了。就这样，我拿到了律师资格证书。正遇上人大法学院招收法律硕士研究生，由于是全国联考非法学类的，我也考上了。于是我决定辞职，来到人大。

两年的人大时光，虽不算长，但在我身上打下了深深的烙印。第一是专业。法律专业对我的价值观、世界观都有系统的影响。第二是老师。人大法学院在全国排名靠前，在各项全国竞赛中经常斩获第一，老师们也都学识渊博、循循善诱。我印象非常深刻的是杨立新老师，那时候他刚从最高检到人大法学院当老师。杨老师有很强的理论功底和丰富的实务经验，他对我影响很大。第三是同学。人大法学院的学术氛围很浓，同学们互相勉励、共同进步。

“博观而约取，厚积而薄发。”在人大学习的过程，就是“厚积”的过程——开展密集式的学习，在优越的环境中受到熏陶。机缘巧合，我还当了法学院学生委员会的主席，做得最多的事情就是举办学术论坛、讲座。我们学生还有一本自己的学术刊物——《法苑》。在人大期间，我发表了不少文章，还荣获过奖学金。

2002 年，我从人大法学院毕业，之后就留在了北京。我换过工作，但一直都是从事与法律有关的工作。直到 2019 年，事业和生活都掀开了新的一页：我作为广电总局定点扶贫县德格县挂职干部，奔赴雪域高原。

人生路途的铺展方向，可能是兴趣所致，也可能是机缘使然。但最关键的几个选择，一定源自心之所向。我是从贫困地区走出来的孩子，“扶贫”就是我一直念念不忘、无法割舍的情结。

◎ 初心如炬，薪火相承

曾经有人问我当时为什么会去扶贫，我开玩笑地回答说：“我是扶贫二代，我要去扶贫的原因就是不想有扶贫三代。”

这当然是戏谑的表达，却也饱含着我的真情实感。“扶贫”二字，以及它背后沉甸甸的使命和担当，我从儿时便有所领会。

在我的记忆里，父亲鲍财苗总是在为我们那个小村子忙碌。他的文化水平虽然只是初中毕业，但在那个特殊时期已属难得。他当了很多年村支书，实实在在为大家做成了几件“大事”。联坪村地处偏远，村内多是泥土路，为此他四处筹措资金，通过政府补助、村民集资筹得 100 万元，修建了一条连接镇区和洋中片区的公路。他还四处联系给村里拉电，多方沟通给村里盖学校，争取扶贫资金并带着大家种果树、养家禽……那时候想做成一件事真的太难，几乎是举一人之力去硬扛。所幸，脚踏实地的付出终究收获信任和认可：1990 年，父亲被评为永泰县扶贫先进工作者。

“传承”听起来也许是个很大的概念，但其实就在一点一滴的行动里。可能只是平平常常几句话，却有千钧之力。我还记得去挂职前，我给 70 多岁的父亲打电话。他很支持，说：“孩子，你去吧！”说起来，父亲只是一介布衣，但我从他身上看得到“天地之心”。他为自己考虑很少，虽然能力有限，但时时刻刻想的都是大家的事。我从父亲身上学到很多，我想，中华民族之所以强大，正是因为有那么一些真正的民族脊梁，不一定干出多少惊天动地的事，但关键是：能站得出来，能豁得出去，能挑起担子。

“伟大的事业，最困难的路往往在最后一程。”我就是在“最后一程”中加入脱贫攻坚队伍的。2019 年 6 月，我来到德格县，挂职县委常委、副县长，主要进行对口帮扶的工作。

德格县隶属四川省甘孜藏族自治州，是“三区三州”深度贫困县。海拔高、地形复杂，基础设施建设严重落后，饮水、住房、产业发展等问题始终困扰着当地的老百姓。

与艰难繁重的工作同时袭来的，是身体上的强烈不适。由于高反非常严重，我经常处于缺氧状态，晚上睡不着觉，不是一天两天，而是一周两周，天天如此。再加上正处于脱贫攻坚的扫尾阶段，我天天在路上跑。就这样每天奔波，确实对身体有极大的消耗。

直到如今，有些综合征、后遗症仍然困扰着我。比如我的记忆力本来还挺好，但是到了高原之后衰退非常厉害，直到现在也没有完全恢复。此外，我讲话也不如以前利索，有时候语速会变慢，有些词已经到了嘴边就是蹦不出来。

但总归我还是幸运的。现在回想，我觉得自己真的是特别有福分的一个人。我到德格县一年半的时候，身边就倒下了6个人，都是我身边活生生的人。倒下的原因各种各样：有的是工作太累，又受到当地温差太大的影响，晚上还好好的，然而第二天一大早人就没了；有的是高原气候导致血压出现问题，血液比较稠、供血不足；还有的是交通原因，德格县是全国地质灾害重点防治县，横断山脉经常有落石塌方，交通事故频发。总而言之，我觉得能平安归来是非常不容易的。每一个到藏区挂职的干部都值得尊敬，他们真的是以热血奉献、用生命奋斗。

事不经不知难，人不磨不知坚。我刚去的时候，工作非常难做，没有一项工作是顺利的。一个最突出的难题就是语言不通。而当语言不通的时候，用心交往成了最佳的选项。

有一件事给我留下了非常深刻的印象。我去的时候有个亲戚帮扶活动，就是和当地的群众结对子、认亲戚，帮助亲戚解决实际困难，为亲戚办好事、办实事。我的一个亲戚总是得病，为了能看好他的病，我专门找了一个懂藏语的医生去他家里给他看病，他也很感动。后来挂职期满我快要走的时候去看他，他居然叫我“鲍县长”。就这么简简单单一句话，真的是令我内心激荡、感动不已。很多人说，可能是因为大家都叫“鲍县长”，他也就跟着叫。而触动到我的是，这可能是他一辈子说的第一句普通话，甚至可能是他一辈子当中说过的唯一一句普通话。真心换真心，虽然朴实无华，却感人肺腑。

我是“鲍县长”，也是“背包县长”，这些称呼是当地老百姓对我的认可。我几乎每个乡每个镇都走过，就是背着背包走访调研。包里主要放着水和药，因为我爱喝茶，也经常吃救心丸。除了这些实际的物品，我想，包里也有满盈盈的责任和热腾腾的希望。

◎ 知重负重，善作善成

脱贫攻坚，是没有硝烟的战场，也是可以大干一场的广阔天地。而其中的关键，在于实事求是、因地制宜，既要有知重负重、攻坚克难的决心和韧劲，也要有苦干实干、善作善成的担当与作为。

因为是定点帮扶，在工作中我首先考虑的是要发挥自己行业的优势，也就是广播电视和网络实体的优势。此外，当地的实际情况是：一方面，德格虽然是山区里的深度贫困县，但从文化资源和旅游资源来看一点都不贫困；另一方面，以当地的生态和自然条件为基础，开发其他产业不一定特别合适。所以，我当时在文旅宣传和开发方面着力最多。

如何让山区里的德格被更多人看见？如何讲好这里的故事并发挥其影响力？我想了很多，也做了很多尝试。我联系了东南卫视《中国正在说》栏目组，在海拔 4 000 多米的山巅拍摄制作《天路——脱贫攻坚的德格实践》节目。看起来这是一档政论类节目，但其实包含着丰富的细节和元素。讲好脱贫攻坚的中国故事，要鲜活，也要立体。我们找了很多一线的脱贫攻坚优秀代表，有医生、有老师，还有村里面一线的扶贫干部，为的是把整个扶贫的故事展现出来。节目里也展现了德格的不同侧面：壮丽的自然风光、美丽的村寨、非遗传承人的匠心传奇、独特的藏族民族风情。

当然，成如容易却艰辛。为了这短短一个多小时的节目，我们付出了很多代价。除了克服天气和高原的影响，还要解决用电的问题。那时候我们在海拔 4 200 米架起了演播室，安排了 13 组摄像机和 2 组非常大的灯光。没想到刚一通电，灯就烧了，因为农电负荷不够，特高压上不去。后来通过各种关系，从国家电网调了一部发电车过来，我们才把这档节目录制完成。好在功到自然成。这档节目最终点播量很高，意味着节目除达到了预期的宣传效果之外，实际上也很好地展示了德格县脱贫攻坚的形象。而且，这档节目也调动了大家的工作激情，因为大家看完这档节目之后都很自豪，觉得脱贫攻坚确实给自己带来了巨大的变化。

习近平总书记说必须坚持精准扶贫、精准脱贫。教育可以反映脱贫攻坚成果在哪里。举个例子来说：当初河南卫视《脱贫大决战》栏目组前来拍摄，本来想从产业扶贫的角度找素材，但是我深刻了解当地企业的实际情况与其他地区相比实在不突出，于是坚决建议从教育入手，最终编导也同意了我的想法。

制作节目需要精雕细琢，最终呈现的效果要以小见大。其中有一个镜头，我设计的是反映一个实际情况——“小手拉大手”。大手就是大人，小手就是小学生。大人没上过学，小学生上过学，小学生可以教会大人怎么存钱、怎么取钱——以前钱可能就放在毛驴背上。看似平常的存钱取钱，背后折射的却是金融服务的落地。金融服务是现代文明的一个重要表现，所以拍摄“小手拉大手”是非常有意义的。还有一个镜头，是姑姑带着两个侄儿一起上学。藏区相对来讲超生现象比较多，由于姑姑还在上学的年龄，根据控辍保学工作要求，我们必须把她拉回来继续完成学业。他们周一到周六住在学校，周日就住在搬迁的地方。这个镜头，不仅反映了牧民生活的变化，即从山上到山下，大家共享水、电、教育、医疗，也反映了脱贫攻坚的政策，比如生活区和生产区要分开。

教育扶贫有情怀，更要以实招见实效。我们借助直播卫星和中国教育电视台搭建“空中课堂”，让德格的小学生和北京的小学比如中国人民大学附属小学、清华大学附属小学、北京第二实验小学等的孩子同上一堂课。因为教材都是人教版，同上一堂课就有了可行性。刚开始推进时，我也遭到了一些质疑。很多人说这怎么可能，山区高原的孩子怎么能跟北京的孩子比呢？我说没关系，一定要相信孩子，可能起初确实有差距跟不上，但孩子的学习能力是非常强的。事实正如我所料。我们选择了当地教学质量比较高的小学做试验，选择的课程都是一些当地没有开设但是按规定必须上的，比如音乐课，结果发现效果很好，大概一个月的时间，孩子们就几乎没什么差别了。

而且有的时候，孩子们的悟性真是难以想象。我曾经去一所小学拍了一个小视频，内容就是当地孩子们唱歌，唱得特别纯粹特别干净。我在视频号上发布出来，那时候还没有关注如何提高点击量，就是靠大家的转发，没想到这个小视频的播放量竟然很高。

课堂里的教育，毕竟需要时间才见成效。如何提高劳动者素质、利用劳动者素质，需要另下功夫。举一个例子，当地人有一个习惯，就是画噶玛嘎孜画派唐卡。哪怕没上过学，只要在这方面有特长，就可以学习。这就相当于把非物质文化遗产转化成了脱贫攻坚的一种资源。除了唐卡，当地还有锻造、雕刻、陶瓷等别的非物质文化遗产，都可以发展为产业。非物质文化遗产产业化既是脱贫攻坚工作中的一种手段，也是让当地人利用自己的劳动技能实现自己的价值。

总而言之，在我看来脱贫攻坚必须围绕人做文章，回归本性，回归人的能力，不要只局限于一项具体工作带来的眼前的社会效益或是经济效益。有时候只要“点”突破了，“线”就突破了；“线”突破了，“面”也就突破了。很多事情都是这样以小带大、以点带面。

◎ 履践致远，惟实励新

不忘初心，方得始终。我在高原上奔波了两年，付出了大量心血。我想我做到了“把论文写在祖国大地上”，脚下有泥土，心中有光。

扶贫要心系民生。在民生问题中，相对重要的除了教育，还有医疗。尤其是在疫情期间，各种医疗需求大量增加。没有口罩、没有呼吸机，我都努力对接解决。最早的时候，整个甘孜州只有两台呼吸机：一台在甘孜医院，是政府配置的；另一台在德格县医院，是我通过北京的一个机构对接过来的。

对于大多数人来说再寻常不过的电视，却是牧民们的稀罕物。小小一方屏幕，其实是通向外界的一扇窗。我仍然记得自己小时候在农村里，要想认识外面的世界、城市的生活，最主要的就是靠电视。所以，解决雪域高原看电视的问题也成为我的一个工作重点。我多方对接资金和设备，给牧民们发放“户户通”等电视接收设备，同时协调德格县建成应急广播平台系统、大喇叭系统及覆盖网络。除了让牧民们能看上电视，还得为他们提供好节目。我在努力提升电视节目质量上下了很多功夫，抓实民族地区节目供给，协调相关机构捐赠优质电视节目和电视剧资源。

扶贫要扶治。治理的“治”非常重要，要因地制宜。举个例子：以前当地群众有个习惯，一到挖虫草的时候，放学后就不让孩子们学习了，让他们去挖虫草。我和群众讲，最好的虫草在学校，最好的出路在课堂，不能再像以前那样了，脱贫必须从娃娃抓起。孩子上学必须去共产党领导的学校，接受共产党的教育。

扶贫也要扶志。要在思想上调动大家脱贫的积极性，营造团结向上的氛围，还要培养他们对民族大家庭的认同感，在脱贫攻坚的路上唱响民族团结之歌。

扶贫工作千头万绪，我所做的努力还有很多。比如，推进当地民族传统手工艺的保护、传承和发展工作，协助举办非遗传承带头人培训班，从文旅融合的角度宣介德格印经院，联系 10 多家单位与德格签订扶贫合作框架协议，引进各类帮扶资金……如此种种，不一而足。

知之愈明，则行之愈笃；行之愈笃，则知之益明。有了到基层锻炼的实际经历，我对于脱贫攻坚这项伟大事业有了新的认识。我国脱贫攻坚战取得了全面胜利，习近平总书记说：“这是中国人民的伟大光荣，是中国共产党的伟大光荣，是中华民族的伟大光荣！”坚持党的领导，为脱贫攻坚提供坚强政治和组织保证。没有党的领导，就没有立体的、全方位的体制机制，就不可能做到集中力量办大事。我们在脱贫攻坚的实践中，也特别注重党建引领。在实际的工作中，要坚持实事求是的精神，招招处处都必须落实落地。只有做实事、讲实话、出实效，老百姓才会认可，才会觉得这是党的好干部。另外，要懂得走群众路线，坚持从群众中来，到群众中去。不仅要学会为群众着想，还要学会如何组织群众、引导群众、发动群众。

我能荣获“全国脱贫攻坚先进个人”，是天时地利人和，背后其实有无数砥砺前行的身影。作为扶贫干部，我在茫茫雪原做出了自己的努力与贡献，但对口帮扶这项工作是举广播影视、网络视听的系统之力完成的，源于德格县脱贫的 28 个村和我们广电总局的 28 个单位一一对应。有了所有人心往一处想、劲往一处使，才有了德格县 2020 年 2 月退出贫困县序列、实现脱贫摘帽的成果，然后才有了我的个人荣誉。

我挂职期满离开的时候，大家知道我要走了都很不舍得。我收到了两千多条哈达，走到半路上还有人送。这些洁白的哈达，既是真挚的情谊，又是美好的祝福。所有的哈达我都带回来了，我要为每一条哈达找一份善缘，善始善终。给每一位朋友送哈达的时候，我都会说你必须做一份贡献。这也是一种爱与责任的传递吧。

如今回望，我也有一些想对人大说的话。桃李不言，下自成蹊。人大的教诲，令我受益良多。从某种意义上讲，人大是我成长道路上的转折点。人大不仅教授我知识，也教会我许多人生的道理，给予我精神成长的力量。

我还有一些期盼和祝福送给人大。人民的大学不负人民，我们要把中国人民大学办成世界著名的一流大学。一方面，要继续发挥自身本来的优势，建构起自己的人文社会科学知识体系和培养体系；另一方面，要面向世界，多培养一些国际新兴产业的人才。习近平总书记殷殷嘱托，要培养“复兴栋梁、强国先锋”。推进中华民族伟大复兴，文化是其中的重要组成部分。只有搞好人文社会科学领域的建设，才有可能影响世界、引领世界，这也是国家“综合实力”的应有之义。

鲍金虎自述，本次采访时间为 2022 年 11 月，由中国人民大学校友工作办公室负责录音整理及文字编辑。

文 / 李宣谊

陈昶屹

|人物简介|

陈昶屹，中国人民大学2009级民商法博士，北京市第十五届人民代表大会代表。独立办案以来，审结各类民商事及知识产权案件数千件，其中不乏北京大学诉邹恒甫名誉侵权案、全国首例“被遗忘权”案等一批具有前沿性和重大社会影响力的疑难复杂案件。曾获“北京市优秀青年人才”、“全国模范法官”、全国十佳“我最喜爱的好法官”等荣誉称号。

◎ 朴实与富足——孩童的快乐

谈起童年的生活，陈昶屹直言：“那时候有一个最朴素的愿望，就是每顿饭都能吃上肉。”他生于重庆小镇，父亲是小镇药剂师，母亲是工人，“艰苦”二字是他在讲述这段经历时反复提到的词。对于幼年的他来说，平日里一般只能吃地瓜这类便宜的素食，一年中能吃上一顿鸡肉便是极大的奢求与满足。

在物资匮乏的年代，是亲情给予了他心灵的滋养。虽然父母都没受过太多教育，但他们骨子里的那份质朴与善良早已深深地烙印在陈昶屹心里。生活条件固然艰苦，但一家人其乐融融的场景总是让他记忆犹新。父母经常教导他“知识改变命运”，这给幼年的陈昶屹种下了“刻苦努力”的种子，“优秀”对他而言已然成为一种习惯，凡事都要做到最好，这种习惯也伴随着他之后的求学、求职乃至人生道路。

升高中之前，父母带陈昶屹去参观重点中学和普通中学，二者学习环境的巨大差距让他立志要考上重点中学。他说：“现在回想起来，从小到大读的都是重点学校，学习成绩也一直名列班级前茅，得益于早立志。”在对的时间做对的事情，他认为每个阶段都应该做好当下该做好的事，尽自己最大努力做好每件事。

◎ 奋进与积淀——学子的追求

独立思考、不人云亦云是陈昶屹对待学习的准则。他回忆起年少时的一件小事：有一次做一道历史题，他的答案与标准答案不太相同。老师在看了他的思路后，认为他的答案也是言之成理的，就给了他满分。他很受鼓舞，坚信没有绝对的对或错，任何时候都要保持自己的思考，善于研究，要有自己独立的结论，不盲从他人。

陈昶屹本科攻读工商管理专业，硕士则攻读法律专业。谈及专业的转换，他把这当作认识自我的过程：本科专业的选择是遵从父母的意愿，但在本科学习过程中，他逐渐意识到，商科、经济之学并非他兴趣所在，而自己对于法律好像有着一份天生的敏感，于是将考研的目标转向了法律专业。遵循自己一贯追求卓越的品质，陈昶屹最后选择了人大法学院。

在人大攻读硕士和博士学位期间，陈昶屹深切地感受到这所高校的文化氛围——包容、独立、自由、实事求是、无傲气却有傲骨，这些潜移默化地影响着他的性格。陈昶屹坚信，务实、奋进的人大人一定有光明的前途。

陈昶屹在人大求学时遇到了诸多良师：王利明教授、张新宝教授……谈起自己的恩师，他有诸多敬仰与感恩：每次和老师们探讨法律问题时，老师们都毫无架子地给予帮助。后来王利明老师还鼓励他继续考取民商法博士。他说："能遇到这些老师是我的幸运。人大，是我梦想开始的地方。"作为一名时常要与官司、纠纷为伴的人民法官，陈昶屹要把社会上的假恶丑转变成真善美，要向人们传递正能量，他认为"这是需要很大能量的事情"。他时常需要回到母校汲取"养分"，回到那个孕育了他法官梦的地方、充满少年朝气的地方，去感受自己作为法律从业者的那份初心。

中关村人民法庭与人大相邻。得益于工作单位与母校的近距离，陈昶屹时常有机会回母校看看。他笑道，以前学生们打网球只能对着世纪馆前的两堵墙打，查资料要拿着学生卡去图书馆查，"现在学校的条件越来越好，我经常对学弟学妹们说，一定要珍惜现在优越的学习条件"。

他说："对我而言，家是人大，这是我灵魂受戒的本山，是我心灵栖息的家园。我的心就在这里，我将与我的青春和梦想一起厮守在这里，有了心灵归宿的地方，才更有力量去践行人大人'国民表率、社会栋梁'的感言。"

◎ 公平与正义——法官的信仰

走进陈昶屹的办公室，映入眼帘的是堆积如山的卷宗。作为一名一线法官，平日里面对各类纠纷，他需要投入极大的耐心与细心。“司法类工作很多时候颇为枯燥，常常与负能量打交道”，而正是心中的那份对公平、正义的追求支撑着他的法官生涯。

回忆起从业以来令自己印象深刻的案件，他提到了北京大学诉邹恒甫名誉侵权一案，当时社会各界都对这起要案投来了极大关注。出于信任，院领导指定将这起案件交由刚当法官不久的陈昶屹来审理。案件的审理并不轻松，持续两年之久，好在最后达成了一个让各方基本满意的审判结果。他重点提到，在这起高社会关注度的案件中，法院将舆论与司法紧密结合，通过全程发布实时公告的方式，拉近了公众与司法的距离，同时也让舆论对司法的审判起到了监督作用。“公开是最能促进司法与公众零距离接触，同时保持司法公正的方法。”在这个过程中，一些理性的人就不会被舆论导向牵着鼻子走，能站在中立的立场上分析这起案件。

“北京市优秀青年人才”、“北京市政法系统优秀人才”、北京市“人民满意的政法干警”暨“首都政法先锋”、“北京市法院系统审判业务标兵”、“全国模范法官”、“中国十大法治人物”、“2017 年度中国正义人物”……从业以来，陈昶屹凭借卓越的业务能力获得了诸多荣誉。“荣誉只属于过去，不要让它成为负担或是骄傲的资本，要有危机感”，他的办公室里从不放个人奖杯、荣誉证书之类的东西。他认为，过去的荣誉并不代表将来，要习惯于保持谦虚清醒的姿态。

在陈昶屹看来，法官就相当于裁判，万万不可为了一时名利或者讨好某一方势力去判决。法官心里始终要有一杆公平的秤，要让审判结果经得起时间的检验。越复杂、越具有引领性的案件他就越感兴趣，他说这大概是因为自己一贯善于钻研，喜欢独立思考。在审理案件的过程中，他更倾向于先独立思考得出结论，而不是先参考之前该类案件的审结思路。

能将自己热爱的事业作为职业实乃人生幸事，他说：“优秀的审判就是法官最好的名片。”

“慢慢地一路走来，你会发现，人大法律人的精神与传统已经流淌、融入我们的血液里，浸透、深入我们的骨髓中。在我离开母校的日子里，行进在司法实践的进程中，我渐渐感受到，那些年我们一起追寻的法治理想逐渐变得清晰、具象。”

陈昶屹自述，本次采访时间为 2019 年 7 月，由中国人民大学校友工作办公室负责录音整理及文字编辑。

采写 / 李宣谊

陈浩

|人物简介|

陈浩，2010—2013年就读于中国人民大学历史学院，获硕士学位；2013—2016年就读于中国人民大学商学院企业管理专业，获博士学位。曾任福建省福州市永泰县副县长，兼任永泰县丹云乡党委书记，曾任福州团市委书记。

◎ 行舟学海上，知行当合一

有句话说“最初的教育在家庭”，我深以为然。家庭环境对我的影响很大。我是山东聊城人，家里兄弟三个，排行老三。父母白手起家，从小生意做起，后来事业渐渐发展起来。在创业的过程中，艰难与辛苦交织，父母要协调方方面面的关系，要亲力亲为处理很多事情。小时候的我还很懵懂，经常会听到父辈讲起那些吃过的苦、经过的事，我还觉得不耐烦。后来我才渐渐意识到，想法和观念是在聆听与理解中一点点在心里扎根的。“坚韧不拔、用心付出、不懈奋斗”就这样成为我一直以来的信念。家人也给予了我很多的鼓励和力量，温馨和谐的家庭氛围是我成长的基石。在我历经的人生关键节点，父母都是我的精神支柱。

熏陶往往潜移默化，却总在关键的时候影响选择的方向和前行的轨迹。父辈们常常谈论“生意经”，从小我就耳濡目染。自然而然，我对长大后的设想就是经商，对企业管理也较有兴趣。年幼的设想投射进现实，照见后来的求学之路。

我本科就读于中央民族大学经济学院，硕士就读于人大历史学院，读博士时又从历史学院考到了商学院。我本科时写的论文主要围绕中小企业现代金融政策方面，硕士时研究的是民国时期四大百货公司的企业文化，博士时读了企业管理专业。总之，专业虽然不同，但都有关联。求学之路不仅大大增强了我的理论素养，也使我增长了知识和开阔了眼界，为未来的工作打下了坚实基础。

回忆起在人大的学习和生活，对我影响最大的是在校研究生会的种种经历。校研会是一个注重传承、勇于创新，结识良友、互学互鉴，满怀激情、团结奋进，有着光荣传统的学生自治组织。在校研会的三四年时间，我得到了很多历练，结识了很多不同学院、不同专业的朋友，特别是一起并肩作战的兄弟姐妹们，也得到了很多领导、老师的关心和指导。点点滴滴，我至今仍铭记于心。

学习，应该是知行合一、学以致用的过程。在人大，我组织和参与过的学生活动非常多，其中印象最深刻的是2014年赴河北正定的社会实践调研活动。1984年，人大师生去正定调研，当时习近平同志在正定当县委书记，接见了我们人大的师生。2014年，是校研会成立三十周年。当时我是校研会主席，我们组织了十多个跨专业、跨年级的硕博生参加调研。我们考虑再三，把调研的主题选定为“农村面貌改革提升工程”，聚焦习近平总书记当时抓的“连茅圈”整治问题，也就是现在说的“厕所革命”。动身之前，我们做了细致的准备工作。不到一周的调研活动紧凑而充实，我们既深入了试点村镇一线，也走访了多个相关单位，收集了大量素材。调研结束后，我们又集思广益、合理分工、数易其稿，最终历时一个多月形成了专题调研报告。报告呈给石家庄市领导、正定县领导和学校领导后，他们都对我们的调研工作给予了充分肯定。回想起来，这次活动无疑算得上是实践调研经历中最扎实和最富有成效的一次，有很重要的借鉴意义，也对我未来择业产生了深远影响。

转眼毕业，我面临的选择很多。当时摆在面前的有很多不错的机会，我也在犹豫是留在北京，还是选择远方，到基层历练。但是，结合多次在基层参与实践调研的经历和感悟，特别是在河北正定调研的场景以及母校对学生基层就业择业的引导，我更加坚定了去基层一线打拼的想法和决心，于是义无反顾地选择了到福建当引进生。

人大给予的教诲，无声却有力。我的思想、思路在学校潜移默化的影响下不断调整变化。虽然在遥远的福建人生地不熟，但我觉得还是应该多去闯一闯，少一些限定。更重要的是，我觉得在福建引进生这个更大的政策平台上，自己能够得到更多历练，做更有价值的事情。

一个人的青春应该怎样度过？在祖国大地上书写华章，到需要的地方去贡献力量，这就是我的答案。正如习近平总书记给河北保定学院西部支教毕业生群体代表回信时提到的，青年人要到基层和人民中去建功立业，让青春之花绽放在祖国最需要的地方，在实现中国梦的伟大实践中书写别样精彩的人生。

◎ 基层多磨砺，沃士写年华

真正走上岗位，开始人生的新阶段，是在2016年的暑热时。2016年8月，我远赴福建省福州市永泰县，开始了基层历练之路。永泰县是福州市县域经济比较薄弱的一个山区县。这对我来说完全是个陌生的环境。

刚到永泰县，一开始我是挂职副县长。这个职位对于初出茅庐、没有正式工作经验的我来说还是有很大挑战的。一个县说起来不大，但有健全的体系，牵涉的人和事都很繁杂。前两三个月，我主要的工作就是调研。情况不熟悉，自然谈不上后续工作的开展。每个乡镇中主要的村，我都实地去走一走、看一看。它们各自的特点、产业发展情况、风俗习惯等，大事小情尽可能去熟悉了解。

永泰县委书记和县长考虑十分充分，也真心关爱我、保护我。工作是个循序渐进的过程，开始没有分工，就是跟班学习。根据我的实际情况，他们并不会让我一上来就去啃硬骨头。遇到一些棘手的问题，县委书记和县长也会及时出手、及时提醒。慢慢地，工作步入正轨。我先是承担一些较轻的具体工作，等到第二年转任职之后，任务就比较重了，招商、工业、信息化这些工作都需要我去处理。我还兼任了丹云乡党委书记。

永泰县与福州其他区县相比经济较为落后，以往县里谋划的一些重点项目，如从头到尾需要哪些流程、其中包括多少个节点、每个节点的明确负责部门、每个流程大概需要的时间等都模模糊糊。这就导致了效率低下，影响到一些项目的推进、落地、见效，进而影响到整个县的经济发展。因此，当时县里面的主要领导非常想在数字建设方面有所突破、有所建树，我具体分管这方面，牵头打造了一个重点工作攻坚指挥平台，依托信息化系统，对县里的重点项目进行全过程动态化管理，实现流程再造优化。

我们找了一些代表性的项目作为案例，进行分解、梳理、分析。基于以往的经验，我们提前把每个节点沟通清楚、明确责任，对每个节点的时间也给出相对科学的参照标准。这些内容确定之后，就在系统里自动形成一套流程。项目一启动，就开始自动计时。项目推进的同时跟进督察机制和问效机制。到现在，这个平台一直在推动永泰县经济社会高质量发展方面发挥积极作用。

扎扎实实的成效之外，这个平台也取得了不少成绩：在数字中国建设峰会亮相，列入福州市第一批全面深化改革复制推广典型经验。该平台建设与应用实践案例被国家信息中心评为新型智慧城市建设评价典型优秀案例。永泰县也借助该平台成功申报省发展改革委“十县百镇千村”信息化示范县。

在永泰县的工作时间，一共是三年三个月。日子不长，分量却重。一线的锻炼让人充实忙碌、加速成长，不负韶华。

◎ 青春好作伴，风正扬帆起

扬帆起航再出发。2019 年，我的工作掀开了新的一页。11 月我调任到福州团市委，担任团市委书记。共青团和县里的工作内容、工作职责、工作方式方法有很大不同。

作为团市委书记，我要担起来很多方向性、决策性的事情，要主动谋划、主动作为。是压力，也是动力。

我到福州团市委任职后，重点抓的有三项工作：青年人才工作、对台青年交流工作和青年志愿服务工作。

近几年福州的发展态势越来越好，省委、省政府也出台政策支持福州实施“强省会”的战略。然而，要做大、做优、做强省会，不仅缺人口，也缺人才。也正因此，青年人才工作尤为重要。

2021 年习近平总书记到福州考察，在福山郊野公园真情流露地说：“我在福州工作了六七年，37 岁到这里，一生中最好的年华在这里度过，有很多体会。”针对青年人才工作，我们 2021 年策划执行了一个“好年华，聚福州”活动，名字就是由此提炼而来。

这个活动主要是为了吸引人才，提升福州的知名度。活动整体由团市委牵头抓总，市委组织部负责人才引进，市人社局负责提供岗位，市文旅局负责观光旅游。具体执行方案，也是由团市委召集相关单位一起协商，最终确定。

活动内容丰富，覆盖面广。活动包含驻点式社会实践、走访式社会实践、自主旅游和专线旅游等多种形式，既面向在校的本科生、硕士生、博士生，又面向高中毕业的准大学生。我们精心策划主题航班、主题灯光秀、主题地铁，开展“师说好年华”“茶话好年华”“创享好年华”等形式多样的配套活动，为来榕学子提供“衣食住行”全流程保障……真金白银、用心用情换来的是实实在在的火爆。2021 年总共有 8 615 名学生报名，我们实际录用了 4 213 人到福州来参与社会实践。“好年华，聚福州”研学活动项目获得 2021 年度全国大学生“返家乡”社会实践活动表扬品牌项目，团市委也荣获 2021 年全国大中专学生志愿者暑期“三下乡”社会实践活动优秀单位。

福建处在海峡两岸融合发展最前沿。习近平总书记到福建考察时，要求福建在探索海峡两岸融合发展新路上迈出更大步伐。党旗所指就是团旗所向。我们一直致力于探索海峡两岸青年融合发展新路，助力台胞台企登陆第一家园建设。2013 年，正是由团市委牵头，福州创新筹办了第一届海峡青年节。2020 年，海峡青年节升格为国务院台办、中华全国青年联合会和福建省政府主办，团市委具体负责海峡青年节的策划执行。每年举办海峡青年节时，除了邀请主办方相关领导出席，我们还围绕海峡两岸青年关心的话题，邀请比较有代表性的青年分享心得感悟，讲述成长故事；邀请海峡两岸重量级嘉宾围绕海峡两岸融合发展、青年时代责任等开展思想碰撞。2021 年策划执行的第九届海峡青年节，全网传播量超 1.3 亿，活动关注度和话题讨论量创历史新高。时任团中央书记处第一书记贺军科、时任福建省委书记尹力予以批示肯定。

青年志愿服务是共青团的重点品牌和金字名片。具体到福州，作为省会城市，大型赛会比较多，志愿者数量有很大的规模，志愿者活跃度比较高。近年来，我们也主动融入中心工作，高水平推进第44届世界遗产大会和第四届数字中国建设峰会志愿服务，常态化参与文明创建。例如，创新打造了福州市青年志愿服务数据指挥舱系统，优化志愿服务数字化应用场景，用“数字技术”赋能志愿服务。依托数字化管理系统，开展志愿者招募、报名、审核、面试、注册、培训、测试等工作。同时整合地图定位、视频监控、动态筛选等功能，实现志愿服务信息全维度采集和可视化呈现，实时掌握各岗位人员流动情况和志愿者上岗服务表现，精准统筹调配志愿者。团市委青年志愿服务工作连续三年得到福建省委常委、福州市委书记林宝金批示肯定。

青年时代，是激情满怀、富有朝气的时代，是放飞理想、人生出彩的时代。从事共青团工作，可以说就是与青年为伍、与青春作伴的最佳平台。2021年福州共青团在全省综合评价中排第一，达到了预期，但我们还要再接再厉，聚焦问题短板，把工作标准、工作标杆再拉高一点，对标其他先进兄弟省会城市，取长补短，更进一步。

2022年是很特殊的一个年份，适逢党的二十大召开，又是建团100周年。对于2022年的工作，我们也是抖擞精神，一方面希望能把以往的品牌活动进一步优化，另一方面要策划一些更有意义的新活动。

◎ 情深念母校，依依赤子心

作为人大校友，回顾一路走来的历程，我非常感慨。非常重要的一个体会就是要懂得感恩感激。在学习中，师兄师姐、老师们给了我很多的鼓励、支持。后来到了工作中，也不断得到校友们、老师们、领导们真心的关心和帮助，我觉得非常幸运。很多老师都去过永泰县，到过福州，对我进行指点，帮助我协调资源对接，使我开展的工作能较快打开局面。我在永泰县任职时，接待过不少来自母校的学生实践团，有“千人百村”调研团队，也有“星海英才”社会实践团。校研会也来过两三次。如今在团市委工作，我也积极创造条件，希望能让更多的学弟学妹有机会来到福州学习和参与实践。这些学弟学妹到福建来参与社会实践，我发自内心地高兴，非常愿意帮他们去做一些接待、协调的工作，以回报母校的深情厚爱，这也是一种传承。

人大的就学经历，给我带来的是深远的影响。在实际的工作中，它潜移默化地影响我选择的方向、努力的程度和对自我的要求，使我不断严格要求自己，拉高工作标杆，去对标更高的标准和更严的要求。

如今我正在奔赴的道路，可以说和年幼时经商的设想不尽相同却又有共通之处。随着年龄的增加与环境的熏陶，自己的思想也在不断变化。从前下的功夫也没有白费，熟悉企业、了解企业经营管理的情况，对于现在的工作来说也大有裨益。因为这样我就更能理解企业家的不易，更能设身处地地帮助他们。青春孕育无限希望，我想，无论选择哪条赛道，只要做有意义、有价值的事情，在哪里都一样能发光发热，创造美好未来。

陈浩自述，本次采访时间为 2022 年 3 月，由中国人民大学校友工作办公室负责录音整理及文字编辑。

采写 / 李宣谊

陈 睿

|人物简介|

陈睿，2018年6月至2019年7月在四川省理县薛城镇担任镇党委副书记、甲米村扶贫第一书记，并于2019年7月转战茂县渭门镇利里驻村扶贫，为高原藏羌区决战决胜脱贫攻坚注入网信力量，赢得当地干部、群众一致好评。

2014 年毕业至今，我非常怀念在人大求学充实又快乐的日子。总结起来有两点让我受益匪浅：一是在专业知识的课程设置方面，比较贴合当前的工作需要。比如“社会研究方法”“非营利组织管理”等课程，为我毕业后担任的工作奠定了坚实的理论基础。二是在价值导向方面，社会工作专业的核心价值、社会福利思想等深刻影响并塑造着我的世界观、人生观、价值观。以人为本、助人自助等价值准则，在我投身脱贫攻坚战期间也同样适用，帮助我站在贫困户的角度去寻找脱贫的办法，提升他们的自我“造血”功能。

回想求学之路，我印象最深的是张会平老师开设的“社会工作伦理”课程，这门课对我的人生观、价值观影响很大。每学期张老师都会给我们列一个推荐书目，通过推行这种自学机制帮助我们更有针对性地提高自己的专业素养。

从当初的就业情况来看，我们毕业后在广泛的服务领域工作：既有在一线社工机构、医院、社区、养老院、社会组织做实务的，也有在学校、政府部门做研究和管理的。社工其实是种很专业的职业，它有系统的价值体系和专业的服务方法。社会工作专业“助人自助”的核心精神，帮助我建立了一种“但愿苍生俱饱暖，不辞辛苦出山林”的责任感和使命感。

毕业时我曾犹豫过是留在北京还是回到四川，最终还是选择回到家乡。我觉得祖国西部的开发建设更需要人才。

我是四川省委组织部引进的急需紧缺专业选调生，工作的第一个单位是德阳市民政局，第二个单位是省民政厅，跟社会工作专业都很对口。我参加工作就在市里，还不算在基层一线。2018 年刚好单位需要轮换驻村扶贫干部，想到近些年党中央把脱贫攻坚摆在了治国理政的突出位置，组织开展了声势浩大的脱贫攻坚人民战争，旨在完成消除绝对贫困这一历史性任务，我顿时热血沸腾、摩拳擦掌。我积极响应号召，加入这场伟大的脱贫攻坚战。到一线去，到祖国最需要的地方去，成为300多万名扶贫干部中的一员，是使命，更是荣幸。

基层的工作和生活，与我想象的差别挺大。首先是工作方面，直接面对形形色色的贫困户和村民，在工作中我需要说更接地气的话、做更具体的事，要真正解决群众最关心、最直接、最现实的利益问题；其次是生活方面，藏区农村的基础设施跟内地城市相比差别很大，吃住行相对都比较艰苦，时常是“晴天一身灰、雨天一身泥”，我还需要克服一些心理落差，有效应对工作辛苦、条件艰苦、生活清苦、心情酸苦的情况。

我在市民政局、省民政厅、省委宣传部、省委网信办工作过，不同岗位的交流锻炼让我成长了很多。特别是在思想认识方面，我提高了自己的党性修养和理论水平，也更加坚定了自己入党的初心和为民服务的使命。

驻村扶贫主要有宣传党的政策、加强基层组织建设、推动精准脱贫、为民办事服务、提升治理水平五大工作内容。从办公室到了田间地头，我刚开始确实不适应。扶贫工作可以说是“向难而行”的。不管你是哪里来的，只要签了军令状，就必须做好打硬仗、打恶仗的心理准备，就必须扑下身子、放下架子、撸起袖子加油干。

我扶贫的是两个少数民族村子，一个是藏寨，一个是羌村。在和村民交流的过程中，我刚开始会有点听不懂方言。我一方面需要主动学习当地语言。只要学会一些简单的词句就能拉近与村民的关系，让他们感受到你在用心学习。另一方面也要主动跟当地干部、群众交心。他们对你放心了，就会尊重你，考虑到你的感受，主动说汉语，这样沟通起来就顺畅了。当你理解他的时候，他也会尊重你。

脚上沾满了泥土、心中沉淀了真情，真心与贫困群众交朋友，一起坐坐田坎、唠唠家常，认真聆听他们的诉求，对于他们反映的问题做到件件有回应、事事有着落。这样做了之后，工作慢慢就好干了。基层工作虽然辛苦，但是很有意义。每天直接与群众打交道，解决的都是群众“急难愁盼”的具体事情，成效明显，很有成就感。当解决好问题后看见群众露出淳朴真挚的笑容时，一切苦和累似乎都烟消云散了。

印象最深的是2020年遭受“8·16”山洪灾害，全村断电、断水、断路，与外界失去联系，成为“孤岛”。我们驻村扶贫工作队冒着滑坡、泥石流的危险，翻山越岭，徒步3个小时回到受灾的村子，到村查看灾情，送去应急生活物资，同时开展灾情核实摸排、妥善转移安置群众等工作。那一刻，我切身感受到了藏区自然灾害多发、基础设施落后的现实难题。

在乡村治理方面，我们变“以人治村”为“以制治村”，深化城乡党建共建，协调机关党支部与村党支部结对共建。我们单位领导多次深入帮扶村指导村“两委”建设，到村做“不忘初心、牢记使命”主题党课报告；规范“三会一课”、主题党日制度，指导入党积极分子培养，建强基层党组织，夯实基层治理基础。同时，鼓励党员带头行动，利用农民网校、农民夜校平台，加强种植养殖技能学习，帮助村党员带头发展产业、带头勤劳致富。村里需要有威望的人带领村民开展各个方面的工作，但是要把权力关进制度的笼子里，要建立健全规章制度，用制度来约束行为。

在教育扶贫方面，我对接了互联网教育项目——VIPKID乡村公益英语课堂项目。我邀请项目工作人员到村里来安装了相关的视频设备，让山区的小朋友和外教进行互动，共享互联网发展的成果。从反馈的视频看，小朋友很开心，寓教于乐卓有成效。

在利里村我们实行结对帮扶，做了一个长期的助学计划。驻村扶贫工作队会离开，脱贫攻坚战会结束，但是很多工作、很多政策我希望能够延续。我们联系社会爱心人士对贫困户子女进行长期资助，直到他们大学毕业，激励个人和家庭通过教育改变命运。我们在村里实施“金秋助学”和“暖冬行动”项目，发动奇安信、唯品会、四川省网络文化协会等互联网企业、组织，向村里全覆盖捐赠羽绒服，向贫困学生发放助学金，帮助困难学子筑梦远航。

在对外宣传方面，我们策划了“航拍利里”项目：利用无人机航拍技术对村委会、花椒基地、冷水鱼养殖基地、村民聚居点等村容村貌进行了录影摄像，通过实景航拍协助当地政府更好地开展精准扶贫和乡村振兴工作。

在消费扶贫方面，我们发动机关各党支部到帮扶村开展消费扶贫行动，采取以购代捐的方式购买花椒、莴笋、蜂蜜、土豆等农副产品，提振贫困户的种植信心。我们发现其实很多村的网络信号已经通了，抖音、拼多多都用得挺多。针对这样的实际情况，我们实施了“农民网校”工程，向茂县 97 户未脱贫贫困户捐赠智能手机，同时进行造血式扶贫：开展聊天工具、网上购物、抖音 / 快手视频拍摄等基础上网技能培训，提升村民学网用网能力，精准培育新型职业农民技能，帮助他们学会使用 App 了解最新的社会资讯，丰富村民精神文化生活。

在 2019 年的时候，利里村村民遇到了蔬菜滞销的问题。利里村是茂县最偏远的村子之一，在大山山沟里。受泥石流影响，道路垮塌了一些，大型货车能进来，村民自己的家用车、农用车却出不去。蔬菜如果不赶紧运出去，就会烂在地里。当时我们和村民们都很着急。我就和美团快驴进货联系了一下，了解到它送原材料，而且愿意出一份力，尽到企业的社会责任。这样既能够保证企业获利，也解决了农产品的销售问题。这个事情过后，我想不仅要解决急难问题，也要建立持续性的合作模式。通过驻村扶贫工作队和领导的帮助，利里村和美团快驴进货签署了《农特产品定点采购协议》。从第二年开始，由美团快驴进货邀请专家、技术人才到村培训，帮助农业生产提质升级，倒逼村里的农业技术转型，解决生产方面的问题，二者合作走出一条高质量的生态、健康、绿色的发展道路。

在解决这些困难的过程中，我最大的收获就是凡事要提前沟通，分析这个决策的可行性，进行小范围的试验。项目如果做不下来，就要及时终止。两端的需求对接是最难的。村子有哪些需求，企业那边该怎么去对接，这是需要反复论证和仔细推敲的。不管是脱贫攻坚还是乡村振兴，决策前都要在农村进行小范围试验。项目成功后再推广是很重要的，不能仓促上马、急于求成，因为一旦失败就容易产生信任危机。手把手地从项目的立项到产品生产、销售给他们蹚出一条路子来，这样才能去复制，然后才能创新。

结合受援地需求，网信部门可以做什么呢？首先是发挥网络宣传的作用，为脱贫攻坚营造良好的舆论氛围；其次是动员互联网企业发挥网络优势，开展消费扶贫、互联网教育、互联网医疗、互联网党建等活动。

总结来说，我们工作的重点就是抓产业提升，从物质上斩断穷根：

一是创新发展模式，解决销售难题。为打通农产品销售“最后一公里”，驻村扶贫工作队创新引入电商定向采购、批发商团购模式，推动美团快驴进货与利里村签署《农特产品定点采购协议》，建立“合作社技术指导＋企业订单收购＋贫困户种植”的订单式农业模式。

二是强化科技支撑，解决技术难题。邀请农艺师、兽医师定期到村开展病虫害防治、田间管理等种植养殖技术培训，提高农户生产技能，解决产业结构调整的技术瓶颈；实施“农民网校”工程，提升村民学网用网能力。

三是发展集体经济，破解“空壳”难题。驻村扶贫工作队积极争取农业配套资金，大力发展农村集体经济，建立冷水鱼养殖基地、花椒基地、中药材种植合作社，利里村入股茂县羌地文化旅游发展有限责任公司，形成四大集体经济项目，通过招引社会资本、租赁、入股分红等方式，增强集体经济活力，帮助村集体经济增收，破解集体经济“空壳”难题。

四是争取社会帮扶，解决渠道难题。动员新浪网、唯品会等互联网企业参与定点扶贫，向利里村全覆盖捐赠粮油、羽绒服、化肥、地膜等生产生活物资；协调“微医”向茂县渭门镇卫生院捐赠“互联网＋健康扶贫”远程医疗一体机，运用“云巡诊车”对全镇居民进行免费体检和义诊，进一步充实帮扶力量。

五是推动精准帮扶，解决“个别化”难题。为帮助利里村减轻

“8 · 16”山洪灾害影响，协调援建利里村简易便民桥一座，捐赠花椒苗 4 500 株，助力恢复重建基础设施，培育发展特色产业。

小康不小康，关键看老乡。为实现巩固拓展脱贫攻坚成果同乡村振兴有效衔接，驻村扶贫工作队推出了长期助学、产业扶持和党组织提升三项计划，从机制上确保今后一段时间全村的奔康致富。具体如下：一是实施长期助学计划，联系社会爱心人士对贫困户子女进行长期资助，直到他们大学毕业；二是实施产业扶持计划，在全村农业种植提质升级的基础上，向全村捐赠花椒苗，平均每户 100 株，帮助村民后期持续增收致富，防止返贫现象发生；三是实施党组织提升计划，做好村级调整改革“后半篇”文章，调整优化村“两委”班子结构，强化村“两委”履职能力和服务群众水平，提升村党组织致富带头能力，打造一支“永不撤离”的驻村扶贫工作队。

能够见证我国脱贫攻坚战取得全面胜利并有幸参与其中，我感到无上光荣。就像打了一场胜仗一样，我倍感高兴和自豪。特别是在收官之年，遭遇疫情和洪涝灾害，给脱贫攻坚收官战增加了难度，但扶贫干部本着“越是艰险越向前”的斗争精神，做好了“加试题”、打好了收官战，高质量完成了脱贫攻坚任务，向人民群众交上了满意的答卷。

从省直机关到农村一线，走出办公室来到田间地头，面对随处可见的悬崖峭壁和随时可能有的塌方飞石，我最大的感受就是藏区农村条件艰苦，于是更加坚定了自己的初心使命。我把生活和工作中的困难当磨砺，尽快调整心态，适应新的环境，在脱贫攻坚一线磨炼吃苦耐劳的意志，在抢险救灾中锻炼突发事件应急处置能力，在践行初心使命中厚植为民服务情怀。我主动将自己融入帮扶村中去，不把自己当“外人”，与当地干部、群众打成一片，真心与村民交朋友，拉近与他们的距离，以“但愿苍生俱饱暖，不辞辛苦出山林”的责任担当，努力让群众诉求件件有回应、事事有着落。

在这里，我也送师弟师妹们七个字：苦干实干加巧干。苦干，就是基层问题复杂、条件艰苦，要做好吃苦耐劳的心理准备，甘做一头艰苦奋斗的老黄牛；实干，就是要真心实意为人民、脚踏实地干工作，甘做一头为民服务的孺子牛；巧干，就是既要埋头拉车，又要抬头看路，在基层这片广阔天地中，要勤于探索、勇于实践、善于总结，做一头创新发展的拓荒牛。

希望母校越办越好，早日成为世界一流大学，同时为全面建成社会主义现代化强国培养更多的“国民表率、社会栋梁”。

陈睿自述，本次采访时间为2021年，由中国人民大学校友工作办公室负责录音整理及文字编辑。

邓成程

|人物简介|

邓成程，2010—2014年就读于中国人民大学环境学院公共事业管理专业，获学士学位。贵州省毕节市七星关区大银镇新丰村驻村第一书记。

全面建成小康社会，实现第一个百年奋斗目标，是中国共产党对中国人民的庄严承诺。全面建成小康社会，最艰巨的任务是脱贫攻坚，最突出的短板在于农村贫困人口。脱贫攻坚事关人民福祉，事关国家繁荣。

2019年是贵州省毕节市七星关区脱贫摘帽之年，脱贫攻坚已经到了啃硬骨头、攻坚拔寨的冲刺阶段。作为一个从农村走出来的孩子，脱贫攻坚对我来说具有天然的亲近感。于是，在全区号召鼓励干部下沉基层的时候，我毅然加入脱贫攻坚的队伍，来到了新丰村。作为人大人，我牢记“国民表率、社会栋梁”的母校嘱托，积极投身于脱贫攻坚这场伟大战役中。

◎ 践行知行合一

初入村时我了解到当地自然资源有限，水源匮乏，抵御自然灾害能力较弱。但事在人为，攻克贫困关键在于找准路子，办好实事，见到实效。不论哪种脱贫方式，只要能真正帮助到百姓，都是可取之法。

新丰村的脱贫任务虽然艰辛，但一定要完成。当地政府转变发展思路，从优势视角出发，构建了生产、销售、加工一体化服务体系，大力发展传统烤烟和新兴魔芋产业，连接多方资源寻找市场，产品销售供不应求，取得了不错的成绩。

一方面，产业发展带动经济发展；另一方面，由于解决了部分贫困群体的家门口就业问题，村里的留守儿童和空巢老人问题也得到了缓解。但同时也存在一些其他问题，比如产业发展的专业性有待提升、财政力量的支持力度有限、村民生产积极性调动不足等。

如何从根源上解决问题？我们关注到在毕节市基层创新治理模式的指导下，未来新丰村烤烟与魔芋产业的发展方向是规模化与高质量。加强监督管理，同时创立村民合作社，积极寻求政策支持，让这些产业成为经济发展的龙头，是一个可行之策。

此外，基础设施的修缮极大改善了新丰村的生产生活条件，扎实推进了乡村建设。我们主要做了三项工作：修建饮水巩固提升工程，新增通村路、通组路、机耕道，大力实施危房改造工程。在这个过程中，我们逐渐发现当地最主要的发展矛盾是物质基础跟不上经济发展需求，村民生活质量亟待提升。这也是新丰村下一步响应国家乡村振兴号召、建设拥有崭新风貌的农村需要关注的问题。

当然，脱贫最要紧的还是要扶智，“再穷不能穷教育，再苦不能苦孩子”。对于教育扶贫，我们仍然毫不松懈。教育是阻断贫困代际传递的根本之策，我们会在下个阶段更加重视下一代的教育和发展，国家也出台了相应政策给予指导。我认为，在这个过程中还要注意政策的具体落实，思考如何在上级部门与基层之间构建良性反馈机制。

◎ 梅花香自苦寒来

在扶贫过程中我也感受到了基层工作的不易。比如在易地搬迁环节出现了一些问题，很多村民安土重迁情结深厚。尤其是老年人抗拒心理严重，加重了我们的工作负担。我们采取的方案是依然保留村民原有住宅，让他们去安置房生活一段时间，亲身感受一下新环境。我们还给村民做思想工作，从孙辈教育、老人医疗条件、年轻人的就业发展等角度出发进行思想引导，最终村民同意了搬迁。此外，在道路规划方面，因为资金有限，修路挤占了农户的土地赔偿款。农户既想要宽阔道路，又不愿减少赔偿款而让出土地。只需和农户协商短短几十公里，我们却处处碰壁。最后我们通过村民小组会、村民大会以及到农户家反复开展劝解动员工作，动之以情，晓之以理，才打破了交通闭塞的地理环境。“要致富，先修路”，通村路修好之后，烤烟再不用靠农户用背篓吃力地背到烟站，机耕道也为现代化劳作提供了便利，农户的就医、就学条件都得到了很大的改善。

◎ 使命的传承

在此，我十分感谢当地的村干部，他们带我走访很多农户，拉近了我和大家的关系；也感谢组织信任，给予我发光发热的平台。乡村振兴蓄势待发，新丰村未来将继续在特色产业发展基础上，发掘村落文化资源，提升村庄内部共同体意识，建立合作机制，建设成为一个全面发展的文明村落。“没有比人更高的山，没有比脚更长的路。”我相信，只要鼓起“咬定青山不放松”的勇气，拿出“不破楼兰终不还”的韧性，在乡村振兴的发展征程中，村民的生活质量一定会得到进一步提升，陈旧的思想观念一定会逐渐扭转，致富的手段也一定会不断丰富。我十分期待在下一个五年通过我们的接续奋斗创造出更多的发展成果和惊喜，也希望自己能继续参与其中，为祖国、为人民奉献绵薄之力。

走访农户

◎ 留住乡愁

我出身于农村，在成长过程中，感触最深的是父母教我要坚守好自己做人做事的态度。我们这一代赶上了新时代，乘坐着发展的便车过上了好日子，父母常教育我要感恩党，感恩国家，感恩身边的人。在和村民相处的过程中，我始终坚持这样一种情怀——和群众打成一片，走近他们，希望为他们多做点事情。他们也都把我当作自己的亲人一样对待，我们之间是一种双向给予的关系，我十分感念他们的淳朴与友好。我也十分幸运参与扶贫工作，在这个过程中我感受到，城市社会更注重规则、程序，邻里之间较为疏离，农村社会则交往比较密切。城镇化逐渐淡化了淳朴的乡土情结，但我们要想办法留住乡愁，留住最本真的情谊。

在其位，谋其政。我很开心看到新丰村从全面脱贫步入乡村振兴，同时我也期待在乡村振兴中继续发挥自己的力量。乡村要振兴就要引进人才，就要发展好环境。村庄要利用好自然环境发挥出来自己的优势，吸引外来资源。现在很多人都愿意到乡村去，因为在乡村能够看到满天的繁星，看到祖国的大好河山，这些都是在城市里看不到的。

◎ 成长的启蒙

在中国人民大学的求学经历是我人生中很宝贵的时光，老师们给予我很多帮助和支持，在那里我形成了自己思考问题、解决问题的方式，也形成了良好的品性与价值观。毕业后我一直和老师保持联系，时常交流，获益匪浅。人大的包容与多元让我感触良多。多年来，一种服务社会的神圣使命感和责任感已经深深扎根在我的心中。希望自己能够成为祖国发展的见证者和亲历者，这对我来说是莫大的自豪。我主修的是公共事业管理专业，它使我在工作实践中思考问题的视野更加开阔。我做的工作主要是执行政策这方面，如果遇见一些问题，我就会从专业的角度分析和提出解决办法。我比较关注环境方面的议题，在村里我也提了相关的建议。纸上得来终觉浅，绝知此事要躬行。要时常反思实践，充实理论知识，做到二者有机结合。

2021 年是建党 100 周年，人大是我们党创办的第一所新型正规大学。在这个特殊的时节，我想送上自己的真切祝福，希望母校越办越好，中国共产党永葆青春。我也想送给师弟师妹们一些祝福：每个人都有自己的理想信念与理想目标，希望大家不要浪费四年的光阴，在校学习期间好好充实自己，为走入社会打好基础，提升自己各方面的能力。多去承担一些事情，认真工作，你一定会找到自己的人生方向并坚定地走下去。

邓成程自述，本次采访时间为 2021 年，由中国人民大学校友工作办公室负责录音整理及文字编辑。

高俊

|人物简介|

高俊，2012—2014 年就读于中国人民大学农业与农村发展学院农业经济管理专业，获硕士学位；2014—2017 年就读于中国人民大学农业与农村发展学院可持续发展管理专业，获博士学位。

我从小生在农村、长在农村，对乡村经济、文化、社会乃至政治生态相对熟悉，又经过在中国人民大学农业与农村发展学院硕博五年的理论积累和实践训练，应该说，对“三农”工作和脱贫攻坚工作并不陌生。2017 年，毕业后被定向选调到中共云南省委办公厅，主要工作是参与脱贫攻坚的政策研究和文稿起草；2019 年，被下派至云南省镇雄县芒部镇担任驻村扶贫工作队队员；2020 年，因脱贫攻坚工作的实际需要被调整到镇雄县果珠乡加强工作。在脱贫攻坚“最先一公里”省级机关工作，又在脱贫攻坚“最后一公里”基层扶贫，于我而言是经历了一个艰辛痛苦但收获满满的理论联系实际、政策联系实际的过程，也升华了自己对人大校训“实事求是”的理解和感悟。有时候理论和政策正确未必能转化成基层实践，有些基层实践创新做法又尚未得到理论提炼或者突破了某些政策界限，尽最大努力认识好、解决好理论与实践脱节、政策与实践脱节的问题是我为自己预设的工作空间。

习近平总书记多次强调，群众路线是我们党的生命线和根本工作路线。我们党一贯坚持一切为了群众，一切依靠群众，从群众中来，到群众中去。回顾总结反思自己在云南省镇雄县芒部、果珠两个乡镇的驻村扶贫工作，我感觉最大的成长在群众工作、最大的不足也在群众工作。总的体会是解决基层实际问题必须深入群众，要深入群众家里，更要深入群众心里，只有深入群众才能换位思考理解群众，知道群众的担心忧虑和现实关切，找准问题症结，才有可能形成依靠和团结大部分群众的思想基础和良好局面，找到符合政策规定和群众期盼的解决方案，最终引导群众一起动手来解决实际问题。

基层驻村扶贫工作点多面广量大，不管是紧扣精准开展识别、帮扶和退出工作，还是具体的产业扶贫、就业扶贫、教育扶贫、健康扶贫、农村危房改造、易地扶贫搬迁、生态扶贫、精神扶贫、社保兜底扶贫等工作，都离不开深入细致的群众工作。抓住了群众工作这个“牛鼻子”，开展工作就能起到事半功倍的效果。在驻村扶贫工作中，有四件事情印象深刻，对自己的冲击影响最大，对自己的认知改变最多，也对自己的群众工作能力提升最快。

第一件事是初次组织召开群众会。在镇雄县芒部镇，按照驻村工作要求，分片联系 MY、HS、YQ、SL4 个村民小组，我用 3 个月左右的时间对这 4 个村民小组开展了全覆盖走访，特别是 MY 村民小组，在家的农户几乎都走访了。总的感受是脱贫攻坚“两不愁三保障”硬任务基本完成，但时常碰到建档立卡贫困户觉得自己得到的政策待遇不如别人、非建档立卡贫困户觉得自己什么都没得到的情况。持这两种错误认识的人不少。我在走访过程中通过面对面地教育引导，转变了一部分人的认识，效果还不错。于是我决定在 MY 村民小组召开一场群众会，主要内容就是脱贫攻坚成效宣讲和政策解读，目的就是弘扬正能量、扩大影响力，增强群众的自强诚信感恩意识。我把这个想法与挂村领导和村支书沟通后，他们觉得“贸然”召开群众会风险很大，担心不能达到引导群众提升脱贫攻坚认可度的目的，反而会引发一些不可控的问题。他们主要担心极少部分群众借题发挥，用历史遗留问题借机发难，客观上也担心群众反映一些对他们不利的事情（比如低保名额分配不公等）。我觉得他们的担忧很有道理，但不能因噎废食，如果脱贫攻坚正能量不能得到弘扬，就会充斥着各种负能量，我们就是要通过不断地做思想工作去教育引导群众转变观念。至于某些历史遗留问题，正好可以借助我们驻村扶贫工作队相对超脱、在本地无任何利益关系的身份来向群众解释清楚，取得群众谅解。如果是我们自身工作有什么问题，那就改正什么问题。为了进一步打消他们的顾虑，我又告知他们这个村民小组绝大多数农户都走访过，心里有底，在走访过程中已经打下了良好的思想和工作基础，并邀请老社长、老党员、老同志等村里威望比较高的人一起做教育引导工作，目的是帮助他们提升群众对脱贫攻坚的认可度，而不是去揭谁的老底。最终，群众会顺利召开，来了50多人，在家的人几乎都来了。主要议程是：首先对会议纪律约法三章，要求聚焦会议主题，别老拿过去说事，着眼解决实际问题；其次请老社长、老党员、老同志带头回忆脱贫攻坚以来这个村民小组的发展变化；最后针对走访中收集掌握的共性问题做政策解读和答疑解惑，并对群众反映的用电和用水问题承诺解决时间。最终群众反响很好。通过这件事，我认识到群众会是一项政治性、政策性和应变性很强的工作，而不是居高临下的简单说教。良好的工作基础是开好群众会的基本前提，如果平时工作基础非常薄弱，试图通过在群众会上的空洞说教转变群众思想、赢得群众认可，其结果只会适得其反。总之一句话：开好群众会，功夫在会前。

第二件事是解决饮水问题。调整到果珠乡后，我碰到的第一个难题就是HS村民小组反映的饮水不足问题。乡村工作人员也实地查看多次，每次来回爬山至少需要5个小时，但没有和当地群众达成解决问题的共识。群众觉得，既然水量太小，换一根更粗的水管就可以了；乡水务站的意见是，垂直水位落差就那么大，总水压是恒定的，水管越粗会导致水压越小，而水源点水量是充足的，有可能是管道有堵塞。乡水务站的这个意见是正确的，但说服不了群众，群众只相信眼睛看到的。如果逐段排查管道，则因为山高坡陡，投工投劳工作量太大，群众不愿意参与。后来通过反复做工作，我们采取了一个折中办法：新的水管从水源点重新优化路线、铺设管道到主水池，先把水管铺开，如果到主水池的水量足够大，群众再投工投劳参与挖沟、埋管。最后这个争执不下的饮水不足问题顺利解决。这件事情虽小，但促使我更深入地思考在群众工作中如何去调和矛盾，以及如何寻找切入点和突破口去凝聚各方共识，最终推动问题得到妥善解决。

第三件事是开低保清查群众会。在GZ村HT村民小组走访农危房入住情况时，我发现群众普遍对低保名额分配不公反响强烈，回来后对全村低保情况做了分析：全村享受农村低保的有约40%的农村低保户既不是卡户，也没有纳入边缘户，反映出的问题要么是存在漏评，要么是优亲厚友现象比较严重。经排查，主要是政策保、人情保、关系保等优亲厚友现象比较严重。这虽然不是脱贫硬指标，却是影响群众认可度的关键因素。我们以情况最严重的 HT 村民小组作为突破口，会前逐一排查，然后召开群众会公开讨论，全面清除 HT 村民小组不符合低保条件的农户，又以点带面在全村范围内清除不符合低保条件的农户，为下一步提升群众对脱贫攻坚的认可度奠定了很好的基础。这次清查低保确实难度相当大，我们事后总结，之所以能相对平稳进行，一方面是因为坚持了“一把尺子量到底”，逐一排查；另一方面是因为提前团结了老党员、老社长、村中老者和有公心的人，统一了思想，他们在关键时候说了关键话。在这项工作进行的过程中，我还积累了不少经验教训。比如，群众会前个别村干部隐瞒情况导致排查不够彻底，两户不该享受低保的没有清查出来，群众在会上反响强烈；在全村范围内清查低保时，有些村干部不愿意在自己分片的村民小组得罪人或本身存在利益勾连导致清查工作受到一些阻力；等等。通过这件事，我认识到触动群众利益往往比触及群众灵魂还难，尤其是清除涉及群众切身利益的低保，很容易引发群众反抗情绪，如果再加上别有用心的人煽动、挑拨群众情绪，群众会就会失控，严重损坏村级组织甚至基层党委、政府的公信力。因此，召开群众会的策略方法就显得尤为重要。

第四件事是拆除闲置危旧房。去 MW 村民小组拆除危旧房，我们刚去就碰上一个“钉子户”，他看到挖掘机过来之后，就立马爬上楼顶，以死相逼坚决不同意拆除，要价 40 万元才同意。后来，我们工作没做下来，反倒引起很多人围观，造成不良影响，只好作罢。当晚，那个“钉子户”在楼顶睡了一晚。回来后，我们研判，如果这家人的工作做不下来，破窗效应会导致后来的工作也没法做。有人甚至提出请派出所协助，我们没有同意。第二天，本着不激化矛盾的态度，我和村支书决定再上去一次，人少可能他的压力会小一点，想与他心平气和地沟通一下。事后我们发现：一方面，我们的前期工作确实有问题，该讲的政策没讲清楚，群众不理解为什么要拆除；另一方面，我们也没有换位思考、将心比心，现在在我们看来非常破旧的石头房子，当初可是他家几代人手提肩扛垒起来的，从情感上是难以割舍的。后来工作做下来了，除了正常的拆除补助，这家人还想争取点特殊“政策”，我们坚持原则没有同意，不然会引起其他人新的不满。同时，我们也适当考虑帮助这家人解决其面临的实际困难。通过这件事，我认识到上面的很多工作时间紧任务重，有时候基层确实疲于应付，工作上就难免过于简单粗暴，导致干群之间的矛盾激化，甚至发生流血事件。其实，很多看起来十分棘手的事情，通过深入细致的群众工作是可以做下来的，前提是该讲的政策一定要讲清楚、讲到位，争取群众理解，严格按政策办事的同时也要适当考虑群众的特殊困难。但不宜把两者直接挂钩处理，变成一种讨价还价或者交易，也就是要把握好原则性和灵活性之间的度，讲究策略方法，不然会引起其他人新的不满。

最后是一点总的感悟，在脱贫攻坚这场新时代“上山下乡”的基层锤炼中，我越发清晰地认识到：脱贫攻坚，绝不是简单地帮助贫困群众脱贫致富，而是涉及经济、社会、文化、生态、治理等方方面面的系统改造工程，是一场极为深刻的全方位变革，对贫困群众和贫困地区跨越发展的伟大意义不亚于一次新的“直过”。

高俊自述，本次采访时间为2020年，由中国人民大学校友工作办公室负责录音整理及文字编辑。

和闻捷

|人物简介|

和闻捷，2005—2009年就读于中国人民大学商学院贸易经济专业。2010年2月—2011年2月，派驻云南省临沧市镇康县南伞镇白岩村任新农村指导员，被评选为镇康县优秀新农村指导员。2011年2月—2018年2月，在云南省商务厅东盟处工作。其间，两次被评为云南省商务厅优秀公务员。2018年2月，派驻云南省临沧市镇康县南伞镇甘塘村任驻村扶贫工作队队员。

◎ 从云南到人大

我的祖籍是云南丽江。因为父母工作的关系，我从小在香格里拉读书。我到人大读书：一方面是因为高考分数还不错；另一方面是因为平时相处得特别好的两位学长学姐都去了人大上学，受到了他们的影响。此外，我的地理老师是人大毕业生。他上课时会向我们介绍一些大学的情况，包括人大的创立史等。他的教学对我影响很大，在我心中埋下了人大的种子。此外，人大在云南有个支教点，离我上学的地方很近，也加深了我对人大的印象。

我家里营造的读书氛围好，整个家族都对读书这个事情比较看重。我父亲从事经济工作，觉得学习经济这种理论和应用相结合的专业可能会对将来发展有好处。学经济也符合我的兴趣。我决定选一个经济类别的专业，最终选择了商学院的贸易经济专业。

在人大的四年时光里，我在图书馆里面泡的时间长，看的书多。这对我认识世界、理解世界、做工作和接触社会的帮助很大。对我影响比较大的人有两个。一个是高中、大学均与我同校的师兄。他从信息学院硕士毕业后本可以在北京或者其他大城市找份高薪的工作，但依然选择返回香格里拉。他跟我谈过他的回报社会、建设家乡的想法，我也很认同。另一个是我的学术导师徐佳宾老师。他锻炼了我整体的经济学思维方式。当时他在给很多地方政府做产业顾问的工作。这对我开阔视野、了解政府在经济运行中关心的问题和在做的事情有很大帮助。毕业后这么多年，当有些问题不理解或者有些事情遇到困难时，我依然还是会寻求老师的帮助和指点。

◎ 在边境村打下基础

就业时我最先去的是一家外企，涉及经济信息方面。我觉得所做的事情跟我在人大所受到的教育是相悖的。尽管在 2009 年它能开出非常丰厚的薪水，但我还是决心离开这家企业。综合考虑之下，我还是想回到云南。

我是 2009 年 12 月 1 日到省商务厅报到的。2010 年 2 月我被派到基层，当时的身份是新农村指导员。我当时去的那个村是“边境小康村”，相对来说比较富裕。但这个村整个贴在边境线上，跟对面的果敢地区没有任何天然屏障。我们边境维护社会稳定的任务很重，如值夜班、出勤务等。这段驻村经历对我后期的工作有很大的影响。

村内的主要民族是德昂族。所以，我们主要打造特色民族文化，做亮点示范。我们做了一些详细规划，例如种植经济价值比较高的经济作物，进行铁皮石斛、姬松茸等作物引种的试点。2010 年我赶上两件事情：一是第六次全国人口普查；二是村“两委”换届。当时村里的干部主要是当地的少数民族，文化水平不高。我承担了人口普查和换届的很多工作。同老百姓打交道这件事情，主要也是通过人口普查的契机完成的。这段驻村工作经历：一方面，丰富了我对社会、对政府、对国家的认知；另一方面，为我回到商务厅以后负责维护社会稳定工作、再次深入边境一线奠定了基础，对我分管的边民互市贸易工作也起到了很大的帮助作用。

◎ 主动要求下基层

第一次驻村之后我感觉收获很大。所以，从 2011 年开始我多次主动申请要求继续下基层去驻村，想要锻炼自己。

2018 年 2 月，我来到了甘塘村，一直作为驻村扶贫工作队队员工作到 2021 年 4 月。这几年，我有很多的感悟。我刚来的时候，这个村庄距镇政府驻地较远，而且大部分是土路，交通状况非常差。

很快土路就成了柏油路，所有自然村包括每家的入户道路全都是硬化的，照明设施、活动场所已经完善好了。刚开始对口扶贫的时候，这个地方的农民人均年收入为三四千元，基本上只能维持吃饱穿暖水平。现在整体的生活水平有很大的提升。

2018 年我们进行了比较大规模的走访入户。我自己也跑了两个自然村，走进了 200 来个农户家。一个感觉是村民的生活状况比较糟糕，生活水平不高，个人的心态也很不好。当时，很多人觉得省里面来的干部就是来这看看，照两张相就走了。慢慢地，他们都看到了我们的坚持和努力。我们长期在这个地方不断地付出，不停地跟老百姓一起交流，建立了很深的感情。我对自己负责片区的每家每户情况都很熟悉。我们有个口号叫“党的光辉照边疆，边疆人民心向党”，让老百姓能够真实地感受到党和政府的温暖，从心里面感恩党、跟党走，我觉得这对老百姓的精神面貌影响特别大。

我们所做的主要是对照国家脱贫标准开展工作，如“两不愁三保障”等。其中住房是工作的重点。老百姓盖房子时没有钱，拿砖砌一圈，再搭个顶。我们做了很多改造工作，如用钢筋做支撑加固。有两个自然村在特别陡的坡上，属于地质灾害易发区，我们争取了一个易地搬迁的项目，把乡亲们全搬迁到一个安全的地方。当地降水量非常大，但土地不保水，村庄基本都在山上，所以我们搞了很多人畜饮水的工程。

作为商务部门派驻的骨干，驻村期间我负责了很多与业务相关的工作。比如，带着乡亲们参加一些展会，搞线上销售；从商务厅争取到了 100 万元的经费，重新建了标准的茶叶粗制加工所，建立了一套农产品溯源体系。

我们引进来的水泥路修好了，路灯亮了，茶产业联通电商等的产业发展项目也落地了，给老百姓带来了实实在在的好处。贫困户能够很清楚地感受到经济发展带来的好处。我们的扶贫工作取得了很多成绩，我自己也在脱贫攻坚工作中被评选为先进个人。

◎ 在基层收获很多

回顾毕业后这十来年的工作经历，我感觉自己也经历了一些情感变化：自己的心态变了，整个人都很平和踏实。在驻村的扶贫干部里，我是相对幸运的。我爱人也是驻村干部。起初，我们一起工作，共同劳动，分享脱贫攻坚战斗的成果，最后决定组建家庭。一起参加脱贫攻坚的这段经历，是我们最终能够走到一起的关键。

在基层工作，知识上的多少不是特别重要，这也是我导师教给我的，重要的是建立一种理性的认识世界、看待世界、感受世界的思维方式。要和老百姓、基层干部等各种各样的人真心实意地交往，与他们建立真挚的感情。

在人大读书时，我们常说“国民表率、社会栋梁”。我们既然是从人大毕业的，就要有这样的奋发之心，不能辜负母校的培养。我们从上学开始，就是受党培养的。“对党忠诚，对人民忠诚”，不是一个口号，而是要铭记于心，落实在具体行动上。

和闻捷自述，本次采访时间为 2021 年 4 月，由中国人民大学校友工作办公室负责录音整理及文字编辑。

洪略

|人物简介|

洪略，1991年1月生，中共党员。2013—2015年就读于中国人民大学农业与农村发展学院，获硕士学位；2015—2018年就读于中国人民大学马克思主义学院中国近现代史基本问题研究专业，获博士学位。江西省从中国人民大学定向选调的第一批博士。2018年11月至2021年4月，在江西省南昌市进贤县钟陵乡担任党委副书记进行实践锻炼，分管过组织、宣传、精神文明、统战、科技工业信息化、招商、集镇管理、市场监管、行政执法等工作，协管农业农村改革工作，驻下万村委会和贤坊居委会，兼任贤坊居委会驻村扶贫第一书记、钟陵乡机关支部书记。在钟陵乡新冠肺炎疫情防控指挥部担任副指挥长兼宣传和市场工作组组长。

◎ 心系人大，漫漫求学路

我是江西上饶市余干县人。我父亲是基层干部，以前担任过乡镇党委书记。我母亲是中学老师。

2010 年的国庆假期，我去北京游览，在人大校园住了 5 天。当时我就觉得这所学校实在是太好了。所以我打定主意，只要是全日制、有宿舍、能在教室读书、能在食堂吃饭，无论如何我都要考入人大。后来，我和家人朋友商量了一下，也考虑了个人兴趣、考录难度和国家发展建设的需要，最后我决定报考农业推广硕士。

从 2010 年起，我准备了两年多的时间，顺利通过初试进入复试。面试时遇到了我的硕导朱信凯老师。他问了我几个问题。他说："你们家那边农业发展怎么样啊？"我简要做了回答。朱老师接着说："再问你一个问题：你觉得新型职业农民跟传统农民有什么区别？"我回答，以前的农民面朝黄土背朝天，吃苦是吃惯了的，我们现在这些年轻人，包括农村人，也就是新型职业农民，都不愿意干活。大家都笑了。最后，朱老师选定了我。就这样，我成了人大的学生。

朱老师对我的影响很大。发自内心地说，他是一个既钻研学术又非常接地气、既了解中国的历史又了解中国现实的学者。他不仅是我学术上的好导师，也是我人生的好导师。他经常鼓励我们要敢于下基层，他的话就是"你们要敢于下基层"。

我的博导是齐鹏飞老师。他德高望重、厚德博学。他不说则已，一到了关键场合该说话的时候，便句句箴言，字字珠玑，娓娓道来，时间控制得特别好，不会多一个字，也不会错一个字。他经常告诫我，要注重培养厚重的品格。这也时刻警醒着我。

回忆在人大求学的时光，除了学习，有一次调研让我印象深刻。2014 年，我加入了专攻脱贫方面研究的汪三贵老师的调研团队。汪老师几十年都在扶贫的一线做研究，他荣获“全国扶贫开发先进个人”也是实至名归。我跟着他的团队去了山东的沂源、泗水等几个县。基层的干部、群众真可爱，跟我之前心里想的是非常契合的。我们去农村的时候，汪老师说：“去村里多带点洗衣粉就行。老百姓洗头都能用洗衣粉。”后来在村里进行问卷调查的时候，我们会给答完问卷的村民发一包洗衣粉，他们确实都挺开心的。我打心眼里觉得，山东的老百姓太老实、淳朴、厚道了。他们对着我们这些学生喊“专家来了、专家来了”，带着特别真诚的表情，把我们喊得特别惭愧。乡镇干部也对我们特别好。我记得，大馒头是他们的主食，但副镇长专门安排人到县城去买了一袋米回来并煮了米饭给我们吃。我们在村里面待了六七天，汪老师设计了上百个调研问题，包括家里有几张桌子、几把椅子、几个碗、几双筷子，每天吃多少饭、买多少肉、买多少酒，什么都问得清清楚楚。当时，一位八旬老人给我留下了深刻的印象。这位老人照料瘫痪在床的老伴三十多年。我们是以问卷的形式开展调研的，所以我一条一条地问老人有没有彩电，有没有汽车，有没有桌子，有没有电饭煲，有没有高压锅……我问得很具体，老人用山东方言回答道：“没有没有，啥也没有。”老人的生活现状和众多相似的场景深深触动了我。我也意识到在祖国大地上还有很多人需要帮助，我们的国家需要更多真正能够为老百姓做事的基层干部。

◎ 扎根基层，拥抱更接地气的中国梦

2018 年我博士毕业，进高校是大多数人的选择。当时全国上下都特别重视马克思主义学院的师资力量建设问题，如果愿意进高校的话，我留北京的机会是比较大的。但是最后，我还是决定扎根基层。除了江西，我还符合陕西、福建等几个地方的选调条件，事实上其他几个地方的短期待遇都比江西好。但身为一个江西人，出于

对故土的留恋，我最终还是决定加入家乡的基层干部队伍，扎根家乡的基层。

江西确实是一个蛮好的地方，尽管从经济发展上看好像不太引人注目，但事实上，从历史上来看，江西曾经是非常兴盛的。在革命时期，江西有名有姓的烈士就有约 26 万人，约占全国总数的 1/6。江西是中国革命的摇篮，中国共产党自 1927 年 7 月底至 1934 年 11 月中旬主要在江西这片红土地上活动。中国共产党进行革命活动的历史，为江西增添了八一精神、井冈山精神、苏区精神、方志敏精神等一系列红色光辉，为江西铸就了代代相传的红色之魂。

尤其是我毕业前不久读方志敏的书，确实能够发自内心地感受到这种情怀。习近平总书记曾深情地说："我多次读方志敏烈士在狱中写下的《清贫》。那里面表达了老一辈共产党人的爱和憎，回答了什么是真正的穷和富，什么是人生最大的快乐，什么是革命者的伟大信仰，人到底怎样活着才有价值，每次读都受到启示、受到教育、受到鼓舞。"我自己读的时候也有这样的感触，我觉得自己也应当到实践中体验一番，努力干出一点属于自己的成绩来。

回江西之后我是从挂职党委副书记开始工作的。从我踏上工作岗位到现在，如果非要说成绩的话，或者说我自己能感觉到有一点成就感的，就是疫情防控期间所做的工作。2019 年 12 月底，我们看到新闻感觉疫情形势很严峻，从上到下都感觉气氛很紧张。当时我们的乡长拍着桌子说"国难当头"，让人有一种要抛头颅洒热血冲上前线的感觉，我自己也没有任何畏惧的想法。之后我就投入了工作。我在钟陵乡新冠肺炎疫情防控指挥部担任副指挥长，兼任宣传和市场工作组组长。疫情初期大家都很紧张，没有人知道谁会生病，所以都是尽量避免出门，天天测量并且上报体温。在对内宣传工作上，我们注重强调内容的科学性、方式的群众性和法律的约束性。但市场工作面临的困难很大，既要保障大家的生活，又要最大限度地减少人员的流动。刚开始的时候每天街上还是有不少人，农村每逢一、四、七的日子赶集，可能有上千人集中在那个地方。那个时候形势非常严峻，天天发口罩都发不过来，特别怕疫情快速扩散起来。

所以我就想到两条措施：一是实名制采购。推行“红色代购制”，由各村民小组推选 2 名党员，负责物资采购、民事代办，确保疫情期间相对封闭的群众生活物资不少、关心不断。二是各村委会分批次错峰采购。我们把村委会分成三批，分别在不同的时间采购物资。在原赶集日，农贸市场彻底封闭。逢一、四、七赶集日，当村民习惯性要外出赶集时，我们首先予以劝阻，即便劝阻不住，村民来到市场也会发现没有东西可以购买。这样村民彻底改变了出行消费习惯，我们真正限制住了人流。同时，我们加大宣传教育力度，告诉村民分批次采购的原因和好处。最终措施实施效果很好，当时在县里面还算是一个比较典型的做法。

“红色代购”采购员证

回想 2020 年，一整年下来我攻克了很多的困难，比如年初是疫情防控，七八月开始抗洪抢险。

2020 年的洪水比 1998 年的洪水还要凶猛。那段时间非常危险，堤外面的水比堤里面还要高。防洪工作有很多学问。大堤内部是泥做的，并不完全由水泥制成，如果堤里渗过来的水是混浊的，就特别危险，这说明它的内部结构已经被破坏了。抗洪抢险的时候，我们天天值班值守。我们在集装箱里面休息，每隔几个小时出来巡一次堤，在堤的内侧拿手电筒照着看。一般半夜得出去巡一趟，水位高的时候每隔半个小时就要去巡查。后来水位越来越低的时候每2个小时巡一趟，再低的时候每4个小时巡一趟，再低一点的时候每6个小时巡一趟。晚上有好多蚊子，我们要穿长裤，拿塑料袋把裤脚绑住。

2020年8月到11月，我主要负责房屋征迁工作。在进贤县宋家城中村棚改项目的工作中，我们钟陵乡作为责任单位，征迁对象数量最多，责任最重。县城的房子有些是我们乡里的人买的。哪个乡的人买的房子，县里就安排哪个乡作为责任单位。要负责做他们的工作，劝说他们签约拆迁。现在拆迁不比当年。拆迁户不会因为拆迁受到损失，但也无法因此而获得太大额外利益。一家拆迁户的房子本来是“老破小”，拆掉后能得一套新的电梯房或安置房。房子一般是按照1∶1的比例置换，拆迁户得不到过多的补偿，只有一些安置费、补偿费，绝不是很多人印象中的“一拆暴富”。所以拆迁工作没有那么好做，我只能天天去和拆迁户商量。我作为负责征迁工作的一名新人，咬牙带队接下任务，3个月里来回跑钟陵和县城不下50趟，最后终于成功完成了既定的拆迁任务。

在完成任务的过程中，我动了真情。一般拆迁户的生活条件都比较艰苦。在拆迁工作中我遇到过很多情况：30来岁的女儿患尿毒症，每个月治病要花两三千元；妇女得红斑狼疮被丈夫遗弃多年；儿子窝在家里不工作；等等。遇到这些不同的情况，我就不断和他们商谈，动之以情，晓之以理。于我而言，克服困难的关键还是学习。当你能俯下身子跟身边人去请教时，就没有克服不了的困难。比如说征迁，跟一些经验丰富的人去学，他们都会耐心地教你。我在这个过程中学到的就是，要认真细致地学习掌握补偿安置政策，全面深入地了解每户拆迁对象的社会关系、成员状况等家庭情况，不厌其烦地与拆迁对象讲政策、摆事实、拉感情、谈未来，并坚持“一把尺子量到底”，坚决不让先签约的人吃亏。

到了11月，征迁工作完成之后，我听到了进贤县委书记涉嫌严重违纪违法的消息。那时候正好是我挂职两年结束的时候。临走碰到这样的事，既觉突然，又令人警醒。我的一个发小才 30 岁，跟我同年，肝癌晚期，12 月 19 日就去世了。这一年对我来说确实非常沉重。

◎ 扶贫扶志，一场有温度的脱贫战役

脱贫攻坚是伟大的创举、伟大的工作、伟大的事业。我们江西贫困户不算特别多，深度贫困的更少。贫困户一般都存在着特定的致贫原因，因病和因残的贫困户比较多一些，年轻人“等靠要”思想严重且文化程度比较低。

我当时所在的钟陵乡现有建档立卡贫困户已全面实现脱贫，仍有享受低保户和边缘户。边缘户是在实施精准扶贫过程中出现的新群体，主要指的是年人均纯收入在国家脱贫线上下摆动、处于相对贫困状况的农户。他们虽然不是贫困户，但随时都可能变成贫困户。2020 年是脱贫攻坚收官之年，钟陵乡的脱贫攻坚工作重点聚焦贫困户“两不愁三保障”等的落实情况，坚持疫情扶贫两手抓，齐头并进双攻坚，努力克服疫情对脱贫攻坚的影响，采取更有针对性的措施，统筹兼顾，分类施策，筑牢教育、医疗、住房、饮水安全底线。在教育保障方面，我乡对贫困学生均按规定教育补助政策进行资助。在医疗保障方面，建档立卡贫困户全部免费参加医保，家庭医生签约服务实现全覆盖。在住房保障方面，我乡实施了建档立卡贫困家庭危房改造工程。在饮水安全保障方面，我们积极配合有关部门对贫困户的饮水水质进行了检测，对发现的疑似水质问题安排了项目资金进行整改，为贫困户安装了净水器。目前所有贫困户均能喝上安全水。我们的政策符合人民群众的需要，抓住了人民群众所思所盼所想。

有一件事我印象十分深刻。北京的朋友给我打电话，说想培养孩子做好事的品行和习惯，想在农村地区找些家庭条件不好但想读书的孩子进行资助。后来我帮他联系了一户贫困户家庭。那户家庭是我在工作中遇到的。有一次一位老人说东西丢了。我们到现场一

看，他家旁边住了三个小孩。那位老人坚持认为是小孩偷的。最后事实证明是场误会，但我和三个孩子建立了联系。这几个小孩很可怜，父亲出车祸去世了，母亲一个人独自抚养孩子，最大的孩子嫁出去了，一家人生活很艰苦。

走访贫困学生家庭

北京的朋友资助这户家庭每月 600 元，并且鼓励他们好好学习，如果成绩优异，以后就一直资助到他们大学毕业。这笔钱每个月都会按时给他们打过来，我隔三岔五地去看看他们。

如果有人问：扶贫工作最难的是什么？在我看来都不难，只要认真就一定能落实好各项政策。比如教育扶贫方面，只要符合政策，贫困户都能按照规定享受各项补助；医疗扶贫方面，目前已经全面落实了先诊疗后付费和“一站式结算”，贫困户住院报销比例稳定在 90% 左右，对慢性病特殊门诊相关政策做到了宣传到位，实现了应办尽办；住房保障方面，只要符合危房改造的条件，贫困户均可以申请补助资金。就像毛主席所说，“世界上怕就怕‘认真’二字，共产党就最讲‘认真’”，不认真就落实不好。以厕所革命为例，闹出过很多问题。有些厕所修好了却用不了，因为根本没有通水，马桶成了摆设。还有一些厕所的化粪池甚至装在了井边，严重影响老百姓日常用水。这些事情本质上都是因为部分干部不认真，存在官僚主义作风和“事不关己”思想，仅仅为完成任务、应付检查而为之，究竟效果如何，考虑不多。

解决贫困问题真正难在哪？其实，“扶贫扶志”是最困难的。常年的贫困生活让有些困难群众缺失了尝试和改变的信心与干劲；有的“懒”惯了，等着干部发财物，发展生产也是习惯性地等安排，不动脑筋、没有想法，干部在后面推一步走一步，不推就又倒退回去。最难的是让他们发自内心地去不断努力，不断改造自己，不断学习，不断找到自己所热爱的事情。“输血”重要，“造血”更重要，扶贫先扶志，一定要把扶贫与扶志有机地结合起来，既要送温暖，也要送志气、送信心。

我做过一些扶志的小事，比如帮贫困户量身定制了家训牌。为了激发贫困户的内生动力，实现物质文明和精神文明的双丰收，我们依据贫困户家庭的实际情况，量身定制了家训牌，送到每户贫困户的家中。有一户贫困户，实际情况是儿子和孙子身体有残疾，家庭条件非常困难。在村“两委”和驻村扶贫工作队的帮扶与自己的辛勤劳动下，该贫困户于2019年顺利脱贫。我们给他们定制的家训牌上写着“守诚信，俭持家”，他们特别高兴，说要把这家训一直传下去。

家训的内容一般是传统家训里的经典语句，如既有“尊师重道，谦恭礼让”，也有“一粥一饭，当思来处不易”。我认为从思想上帮扶、帮助贫困户树立战胜困难、摆脱困境的信心和斗志是很有必要的。

◎ 实事求是，把论文写在祖国大地上

基层工作给我感受最深的，是很多基层干部很辛苦，但是思想觉悟很高。

基层工作的经历是我人生中非常难忘并且值得我毕生回味的。习近平总书记曾指出：“懂团结是真聪明，会团结是真本领。”性格

热情的我很快就和乡里的同志们打成一片，成为志同道合的伙伴。我和年轻同志有很多共同关心的话题，如网络游戏、体育运动、房价等。而老同志们更是活历史。我和几位扎根乡里三十多年的老同志成了推心置腹的好朋友。我喜欢听他们讲过去的事。老同志的故事里有历史的味道、有发展的痕迹、有岁月的沉淀、有成长的回味、有青春的反思，有值得我们后辈人深刻反思、对照学习的哲学。

两年的基层实践锻炼时光转瞬即逝。回顾这两年的基层锻炼时光，头顶所谓博士头衔的我，找到了什么进步的灵丹妙药？发现了什么发展的妙方？或者说做出了什么巨大的成绩？有很多选调生问我要不要到基层来，我和他们说，在基层的工作让我在人民群众的汪洋大海中感受到了自身的渺小，在川流不息的历史长河中感受到了生命的短暂，更切实看到了人民群众的磅礴伟力。

发展是一个漫长的过程。不要事先预设自己在这两年或者三年时间里要取得什么样的成绩。不管是从做事业的角度，还是从个人成长的角度，都不要有过多这样的设想和幻想。基层干部的想法就很实际。遇到政策需要落实，大家都会想想，这个事能不能做？要怎么做？能做成什么样？哪里会出问题？这种思考问题的逻辑范式对我而言也是一个很大的收获。

我很喜欢恽代英写的一段话："其实天下要做的事很多，我们一个人的力量很小，生命亦很短，天下事决不是一个人做得完的，这原是很粗浅的一个道理。却是一般人太自信了，他便觉得只好他一个人做。"我们的生命很短暂，工作几十年也不一定能干出什么大的成绩，但是按习近平总书记的话说，"功成不必在我、功成必定有我"。我希望自己做一些微小的努力，疫情防控也好，家训牌也好，为祖国的发展和未来出一份力。

我想和大家分享一本书，《战火中的大学——从陕北公学到人民大学的回顾》。这本书介绍了我们学校的历史。我空闲时就会看一看。这本书给我传达了一种真挚的社会正义感和厚重的历史责任感。人大确实对我有很深的影响，从知识结构到学校的历史，再到跟学校这些老师、同学的接触，都让我受益匪浅。我身边的同学都很励志，努力读书、追求进步，这也促使我不断努力提升自己。

在人大五年的求学经历，让我对国家和民族有了更强的归属感和使命感。如果说对师弟师妹们有什么建议的话，那就是珍惜机会，治学报国，传承好我们学校厚重的品格，担负起青年的责任与使命。我希望母校能够越来越好，也希望母校更加关注学子解决实际问题的能力培养，更好地扎根人民办教育，把论文写在祖国大地上。

洪略自述，本次采访时间为 2021 年 4 月，由中国人民大学校友工作办公室负责录音整理及文字编辑。

江伟斌

|人物简介|

江伟斌，男，中共党员，江西人，1995年毕业于中国人民大学区域经济所（现属中国人民大学应用经济学院）生产布局专业，为该专业1991级本科生，曾任中共江西省宜春市铜鼓县委书记。

江伟斌说："要相信正义的力量，相信时间的力量，要坚守自己的理想信念，坚守为国为人民做点实实在在的事情的念头。这不是假大空的话，而是人大的师弟师妹能够做到的。可能我们做的事情是微不足道的，但是我相信每个人大人一点一滴地积累，一定会是一种磅礴的力量。衷心祝愿人大的师弟师妹能够真正走上符合自己理想信念的道路，让我们的社会越来越好！"

◎ 校园内

四年人大校园内的学习和生活经历让江伟斌受益终身。他说："我印象最深的有两点：第一点是，人大老师的学问非常好；第二点是，人大的讲座和选修课都非常好。"

一方面，各位老师深入浅出的讲学方式与旁征博引、求实认真的大家风范深刻影响了江伟斌之后的工作风格。他在工作中始终不忘各位老师的教导，在基层工作中一直将其作为自己的标杆和准绳。他在干部教育中也秉承这种风格，努力将思想以及工作要求讲得深入浅出，既利于理解也方便执行。

另一方面，人大的讲座和选修课也直接影响到了江伟斌的志向，就是要做"国民表率、社会栋梁"。他说："当时人大学生会搞了个'部长进校园'活动。有一次是在八百人大讲堂，学生会请了时任财政部部长项怀诚来讲。项部长也是人大的客座教授，他那次讲财税制度改革，水平非常高！他的讲话既有宏观的东西，又有微观的东西，让当时的我们直接见识到了高水平的干部是什么样的。这也影响了我的志向，我想着我也要做这样优秀的人！"

江伟斌回忆起自己的校园生活，满是怀念。他所在的生产布局专业是“前无古人，后无来者”的一届。由于之后的院系转型，区域经济所生产布局专业只培养了一届本科生。26 人的小集体相互扶持，朴实而真诚的校园生活让他对人大产生了浓厚的认同感和归属感，将“人大人”这一身份融入自己的身心。

◎ 基层中

江伟斌说：“在江西，我可以说，基层挂职挂到像我这种投入程度的，应该来讲是比较少见的。”2004 年，江伟斌被组织部门从江西经贸委委派到南昌县挂职科技副县长。由于综合素质和工作能力特别强，他在挂职期间，曾同时担任三个职务。这意味着他一人领导三套人马，主持三类活。回头看去，江伟斌认为，虽然当时无比劳累，但得到的却是异常丰富的基层经验和工作能力的锻炼。

江伟斌说：“因为，待在省级机关里，客观来讲，离开校门就直接进机关门，实践经验其实是非常薄弱的。你看不到群众，群众也看不到你，你只是按照你以为对的去做，但是那个事情到底是什么样的，还得你亲自去看、去做之后，才能真正明白。通过基层锻炼，理论转化为实践的操作能力自然就强了。当地的干部、群众，因为你在地方干活，与你天天在一起，你的思想觉悟、作风、能力，你的德行素质、人品、操守，大家都是看在眼里、记到心头了。所以，他们非常认可我。我觉得那几年尽管干得很累，但是收获非常大。”

挂职工作让江伟斌积累了坚实的基层工作经验。在后来江西省委组织部选拔重点区县干部时，他成了最年轻的一批入选者之一。然而，江伟斌并没有骄傲自满。“群众利益无小事”，职务的转变，从机关到基层，让他更深切、更直接地体会到这句话的重要意义。他要做的事情从来没有变过——坚持人大“实事求是”的校训，也就是作为一个共产党员，切实地为群众做实事、做好事。

江伟斌说：“干基层工作一定要有斗争精神。基层有很多问题，你不能当鸵鸟，想着：算了吧，也许这个拖一下就过去了。我在基层工作，有几个原则：第一个，历史遗留问题要解决，新官要理旧事；第二个，在任期间所做的事，不要给后任增加麻烦；第三个，要为后一任甚至后几任打好坚实的基础。作为一个共产党的干部、人大的学生，要有‘功成不必在我、功成必定有我’这种胸怀，不能干投机取巧的事。”

◎ 旗帜下

江伟斌说：“脱贫攻坚，是习近平总书记亲自部署、亲自指挥、亲自推动的一项重大政治任务。这项任务也是面向基层、面向群众的一个具有时代意义的党的工作。我们必须实事求是，不折不扣地落实每一项政策要求。”

漂亮话谁都会说，但实际做到的却寥寥无几。江伟斌在扶贫工作中向党交出了一份几乎满分的答卷。宜春市铜鼓县虽然不是国家级贫困县，其县域内却有着 27 个贫困村，3 431 户共 10 434 名建档立卡贫困人口。2019 年之前，铜鼓县脱贫攻坚工作相对滞后，前任县委书记经常被约谈。江伟斌上任后，铜鼓县脱贫攻坚工作受到了多次表扬。到 2020 年年底，该县建档立卡贫困户人均年收入从 2016 年的 3 546 元提高到 11 828 元。县扶贫办公室获得全国“十三五”时期易地扶贫搬迁工作担当有为集体和省“千企帮千村”精准扶贫行动组织工作先进集体等荣誉。此外，时任铜鼓县永宁镇党委书记帅江还作为“全国脱贫攻坚先进个人”于 2021 年 2 月 25 日参加全国脱贫攻坚总结表彰大会，受到习近平总书记等国家领导的亲切会见，载誉而归。这些表彰在整个江西省都是屈指可数的。这样的荣誉和江伟斌本人认真负责的工作态度与科学求真的理念是分不开的。

江伟斌说：“脱贫攻坚最关键的是什么？最关键的就是要认识到位，工作要到位；就是要有情怀，即为民服务的情怀。对困难群众、贫困群众，你真要有情怀，你就会做到位。”认识上，江伟斌强调在铜鼓要保护好绿水青山，同时让绿水青山转化为金山银山。奋力谱写好“两山转化”这篇大文章，就能让习近平生态文明思想在铜鼓落地生根、开花结果。工作上，任铜鼓县委书记的一年多时间，江伟斌一个月之内全部考察完县内脱贫工程，三个月之内把贫困点全部走完。他回忆，那段时间自己主要的工作就是不停走访到村、到户，特别是走访一些重点深度贫困村和一些特别困难的贫困户，坚持因户施策。江伟斌把脱贫攻坚当作最大的民生工程来抓，积极投入扶贫资金的同时，精准落实各项扶贫措施。如全面落实“三保障”，解决贫困群众上学难、看病难、住房难问题。不把这些事情解决好，他认为自己的工作就没有意义。

在江伟斌看来，脱贫只是最基础的一步，县域发展最大的问题从来都是地区发展不平衡不充分的问题。在发展治理方面，江伟斌充分发挥了自己的专业优势和技术优势。铜鼓的扶贫发展战略被他分为“面子”和“里子”两部分。“面子”是发展旅游业。完善城市卫生环境和治安环境，并通过疗养产业提高关注度，精确定位服务人群，促进当地服务业的发展和服务质量的提高。“里子”，一方面是发掘当地真正长期可持续的产业输出点，即发展地方特色产业。经过多方面探讨、深入调研和引进各领域专家评估，结合铜鼓县山林多、耕地少的特点，县里整合部分资金，与有技术的大户一起撬动黄精高端种植，让黄精亩均收益突破 5 万元。铜鼓被打造为中国黄精之乡，得到了中国林学会的认可。黄精成为当地的重要产业，当地群众笑称“黄精真的变‘黄金’了”。另一方面是利用电商销售产品。为了给黄精找销售出路和扩大影响，2019 年冬天，江伟斌率队带着问题到浙江义乌学习考察，向电商专家请教，进而带领铜鼓县发展了数字经济和“飞地”经济。到 2020 年年底，铜鼓已经有 6 个销售收入超 3 000 万元的电商企业，全网销售铜鼓农产品 3.3 亿元。通过电商为当地经济发展牵线搭桥，江伟斌真正做到了实事求是推动本地发展，这有助于铜鼓实现巩固拓展脱贫攻坚成果同乡村振兴有效衔接。

◎ 内心里

专访中，当我们最后问到江伟斌校友从毕业到现在基层扶贫这一系列经历的最大心得体会时，江伟斌沉吟片刻，最后缓缓给出了“理想信念大于天”七个字。他感叹学生时代树立理想信念的重要性，回想自己这些年的工作经历，不禁再次道出自己起始于人大校园内的初心。

“在学校里你虽然可能树立了些信念，但其实对理想信念的重要性认识还不怎么深刻，不那么到位。在基层工作以后，你很容易感觉到，如果没有理想信念，没有为民情怀，人很容易走偏，很容易转变。你会为了追求个人前途、政绩等而做一些投机取巧、劳民伤财、形式主义的事。只有脑子里想着党的事业、党的宗旨、共产党员的基本使命，才能真正为一个地方做一点实实在在的事情。当你想到，你能够为共产党夯实执政的群众基础做点事情，就会无比自豪。这个理想信念——共产党的理想信念，也是我们人大人应有的理想信念。它看不见摸不着，但是影响至关重要！”

我们见到江伟斌校友时，他是一副运动风的打扮，因为这天正是“跑遍中国·跑进铜鼓”马拉松精彩开跑的日子。江伟斌校友的这身打扮，也方便他随时出门去到铜鼓县的任何一个地方与普通群众打成一片。在前任因为涉嫌严重违纪违法而落马的背景下，江伟斌校友在主导铜鼓近两年的政治生态恢复和建设工作中，肯定还有许多我们未曾知晓的艰辛和波折，但是他通过实实在在的工作真正做到了攻坚克难。在刚任铜鼓县委书记时，江伟斌曾当着大会所有人的面立下军令状：“脱贫工作翻不了身，我这个县委书记便引咎辞职。”大家看到县委书记下这么大的决心，也不好再藏着掖着，一个个都奋勇争先。整个铜鼓县上上下下在这样一个满怀理想信念和具有丰富工作经验的书记的带领下做好了脱贫工作。

在铜鼓县委书记办公室里，挂着一幅江伟斌非常尊敬的前辈赠送的毛笔书法作品，写着“风清气正”四个大字。这也是他这些年来工作的写照。工作就是工作，生活就是生活。他说：“在基层一线，我最大的一个体会就是理想信念大于天，必须牢记我们作为一个共产党员的初心使命。初心非常关键。你为了谁？你自己是谁？这两个问题很重要，也可以说是最重要的。这是我最深的体会。”江伟斌笑得非常轻松，非常满足，一如他毕业后选择建设家乡的那一刻，一如他进入基层的那一刻，一如铜鼓县真正通过脱贫验收的那一刻。未来的路还很长，乡村振兴的部署规划就在眼前，有些事情可能会变，但对于江伟斌来说，实事求是为民服务的理想信念永远都不会改变。

2021 年 2 月 25 日，在全国脱贫攻坚总结表彰大会上，习近平总书记庄严宣告：我国脱贫攻坚战取得了全面胜利。8 年来，党中央把脱贫攻坚摆在治国理政的突出位置，把脱贫攻坚作为全面建成小康社会的底线任务，组织开展了声势浩大的脱贫攻坚人民战争。党和人民披荆斩棘、栉风沐雨，发扬钉钉子精神，敢于啃硬骨头，攻克了一个又一个贫中之贫、坚中之坚，脱贫攻坚取得了重大历史性成就。

在脱贫攻坚工作中，全国人民同心协力，数百万扶贫干部倾力奉献。作为与祖国同呼吸、共命运的中国共产党创办的第一所新型正规大学，中国人民大学使命在前，吾辈义不容辞，脱贫攻坚一线不会缺少人大人的身影。在全面建设社会主义现代化国家的新征程中，在国家乡村振兴的新阶段中，会有更多的人大人投身于社会建设的每一处，为民族复兴贡献知识与力量，为祖国建设奉献热血与青春。

江伟斌自述，本次采访时间为 2021 年，由中国人民大学校友工作办公室负责录音整理及文字编辑。

蒋旻杳

|人物简介|

蒋旻杳，女，2011—2015年就读于中国人民大学公共管理学院土地资源管理专业，2015年9月参加工作。

◎ 脱贫攻坚的见证者

“在那一刻，我发现我要坚持下去。”

我叫蒋旻杏，2011 年毕业于贵阳市第六中学，同年考上中国人民大学公共管理学院土地资源管理专业。2015 年，我从母校毕业后参加全省选调生招考，选调到黔东南州凯里市鸭塘街道办事处，开启了五年的基层一线工作。

记得 2017 年的夏天，我在鸭塘街道负责共青团的工作。接到要统计贫困学生情况这个任务时，我第一个信念就是：一定要把每个村的贫困学生情况摸清摸透，做到不漏一人，让每一个符合条件的贫困学生享受到他们应该有的资助。于是，我走村串户，到每一个贫困学生家核实情况，与他们交流。每走到一户贫困学生家，我都看到学生虽家徒四壁，却饱含求知欲望。他们中的每一个人，没有因生活的艰苦和家庭的变故而埋怨，放弃自己，放弃希望，而是整装待发，要通过自己的勤奋改变自己和家庭的现状。那股朝气蓬勃、勇往直前的精神，让我深受鼓舞。

入户走访贫困学生

2018 年，我被抽调到凯里市委办公室跟班学习。在凯里市脱贫攻坚工作最重的 2019 年，我一直服务于凯里市脱贫攻坚指挥部。

2019 年之前，凯里市一直以经济发展和城市建设为中心。在接到党中央提出所有非贫困县必须在年内实现贫困人口清零的任务后，凯里市委、市政府压力倍增，迅速开启了全市上下竭尽全力的脱贫攻坚“大战 140 天”和“决战 80 天”行动。凯里市人口基数大、城乡发展不平衡，一些深度贫困村基础设施仍然较差。在一次的入户走访中，我们发现贫困户房屋十分破烂，人畜混居，环境卫生条件恶劣。后来我们针对性实施危房改造、岗位安置，改善了他们的生活条件。

我随凯里市脱贫攻坚指挥部一起，多次赴雷山、麻江、丹寨等已出列县学习取经，随分管领导走了凯里市 27 个深度贫困村和 54 个一般贫困村。在几个月的时间内，我们构建起了全市运转高效、统一指挥、上下联动的四级指挥体系。我们同脱贫攻坚分队和网格员一起，用脚步和汗水换来了 2019 年的贫困人口顺利清零。我亲历了 2019 年在凯里市召开的全国易地扶贫搬迁后续工作现场观摩会、2019 年 12 月的全国脱贫攻坚成效考核和 2019 年全省脱贫攻坚成效考核。

落实易地扶贫搬迁政策是贵州省脱贫攻坚的头号工程，对于城乡格局、经济结构的改变是非常大的机遇。贵州很多地区生态环境比较脆弱，有一些偏远农村生活条件差，难以做到“一方水土养一方人”。我工作的白午街道，依托于白午生态移民城而成立，搬迁过来的移民户有 1 万多人。社会服务、医疗、教育、基本条件的改善，使贫困户实现一步从农民转变为市民。在脱贫攻坚这几年中，我见证一个又一个家庭从贫困到小康，村里的基础设施不断完善，扶贫产业逐步壮大，老百姓的幸福感越来越强。

2020 年 4 月，因在工作中表现优异，我被评为先进个人。2020 年 8 月，作为凯里市脱贫攻坚指挥部表现优异的同志之一，我被任命到易地扶贫搬迁安置点新成立的白午街道任党工委组织委员。非常荣幸，自己有机会成为脱贫攻坚工作中的一员；非常自豪，自己亲历了凯里市脱贫攻坚最艰难的时刻；非常骄傲，自己见证了中国脱贫攻坚的伟大壮举。

帮助老百姓抢收秋粮

在脱贫攻坚指挥部，我主要负责基础的文稿起草、领导调研的行程以及大型会议筹备等工作。脱贫攻坚指挥部主要思考的是：如何从全市层面上保证扶贫工作的顺利畅通，在最短的时间内根据上级下达的指令，调动全市的力量来补齐脱贫攻坚短板，顺利完成任务。

无论是一线工作者还是政策设计者，参与脱贫工作的每个人都遇到过或大或小的困难。工作中我也遇到过一些困难，比如对村民思维方式了解不够、前期对政策理论的理解不够深入等。因为脱贫攻坚工作要求高、工作急、任务重，为了保证工作时效性和准确性，第一时间把市里的扶贫工作要求发布出去，我们经常会熬夜加班。但我们每个人都在高压的工作状态下努力，不怕困难，把自己锻炼成了能打胜仗的战士。

在凯里市脱贫攻坚指挥部办公室加班整理资料

参加工作前我就想到基层去，想真正体验一下基层干部生活。真正参加工作后我发现，扎根基层不只是去到基层就可以了，还需要花费时间、花费精力投入其中，磨炼自我、增进耐力，进而才能成为一名既有热血情怀又有能力为人民服务的战士。工作中的各种细节也不断重构着我对基层的认知。记得在鸭塘街道工作时，我需要进村入户。当时下着大雨，桥不通了，必须坐船过去。小小的船只晃晃悠悠，我内心十分害怕，我发现自己低估了基层工作的不确定性。

在马鞍村生活的一户村民是我的帮扶户，家里情况很特殊。户主是唯一劳动力，妻子残疾，女儿上小学，还要赡养老人，致贫的原因主要是缺技术。我农村生活经历有限，所以请教了很多农业口干部，多次走进这户人家交流，希望能帮助他们解决问题。经过反复商议，我决定让户主去学习生猪养殖，实现家门口就业。经过努力，该户现在年收入达 1 万元以上，好的年份达到 2 万元以上，解决了家庭基本生活与老人赡养问题。

我还忙着政策宣传，指导贫困群体就业，帮助特殊需要人士申请低保，等等。逢年过节，我会到贫困户家里问候和看望他们，帮他们打扫卫生，与他们交流谈心。我们一起度过了喜庆的春节。他们把我当自家人看待的那份心情，让我十分触动。我开心地看到他们的生活质量在不断提升。从开始的不熟悉、不确定到现在的坚定、自信，我的心态也发生了很大变化。看到他们脸上的笑容时，我发现，这就是我要坚持做下去的事情。

入户核实信息

◎ 为百姓做更多的事情

我与脱贫攻坚事业总有着说不清的渊源。我不仅在市一级的脱贫攻坚指挥部工作，也在一线的基层农村工作。从市区到基层，我见证了凯里的扶贫工作。从宏观到微观了解得越多，我越感慨祖国脱贫攻坚事业背后的决心与坚守。

关于未来的防返贫常态化机制建设，“四个不摘”政策已经出台：摘帽不摘责任、摘帽不摘政策、摘帽不摘帮扶、摘帽不摘监管。“十四五”开局展望了未来乡村振兴事业的发展前景，提出了如何实现巩固拓展脱贫攻坚成果同乡村振兴有效衔接的问题。未来，依然有很多领域需要我们去探索、去奋斗。

在基层的经历是非常珍贵的。我体会到，只有坚守住人大人的初心使命，满怀一往无前的定力、一如既往的耐力、一挥而就的魄力，才能在工作岗位上做到最好，为百姓做更多的事情。

组织群众召开坝坝会

◎ 人大的玉兰花开了吗?

对我而言，在中国人民大学学习的经历是非常宝贵的。在人大，我遇到了最好的老师、最优秀的同学。四年的学习，让我受益匪浅。

印象最深的是校医院门口的玉兰花。一次我听朱子辉老师的汉语课。他说，学生给他发了一条特别有诗意的信息："老师，校医院门口的玉兰花开了吗?"毕业后，我也时常想起这句话，每次想起就像又回到当年。

在学校，我思考最多的问题是自己以后想做什么和要做什么。

人民大学的大雅之风与济世情怀一直影响着我。通过专业学习与社会实践，我逐渐明确了自己的工作方向。我希望毕业后能够回到家乡，成为公务员队伍的一员，投身于新时代社会主义建设事业。

我非常感谢国家的选调政策，它鼓励大学生到基层锻炼。我秉承着不怕苦、不怕难的精神，坚守在基层、坚守在那个梦开始的地方，从没想过转行。五年过去了，我依然眼里有光，饱含热情，希望能够在下一阶段做更多的事情。

我的同学们也都在各个领域践行着人民大学“实事求是”的校训，在各行各业发光发热。作为一位已经毕业的师姐，我想送给在校的师弟师妹们自己的祝福：希望大家在大学期间多去经历，多去感受。在学习的过程中，要不怕吃苦，不断探索，找到自己的目标，做自己热爱的事情。同时，我也希望人民大学继续传承党的优良传统，办好人民满意的教育。

真诚地给予人民大学最诚挚的祝福，感恩。

蒋旻杏自述，本次采访时间为2020年，由中国人民大学校友工作办公室负责录音整理及文字编辑。

李福信

|人物简介|

李福信，1991—1995 年就读于中国人民大学计划统计学院国民经济管理专业。曾任佛山中德工业服务区管委会副主任。

◎ 初心闪耀，一位人大人的挂职扶贫之路

“这是金银花，采摘于美姑县龙门乡的美姑河畔，纯天然、无污染，服用后可清热消炎、增强免疫力，对于爱美的姑娘还有美颜减肥辅助效果哟……”

“这是广绣，是在广东顺德的广绣大师的培训指导下，由美姑县的彝族绣娘们一针一线绣出来的作品，不但有广绣的精髓，还融入了凉山少数民族的特色，是一件不错的工艺品……”

“这是苦荞茶，是凉山的特产，也是经济实惠的食疗保健佳品，非常适合高血压、高血脂人群……”

直播间的产品还有黄花菜、黑山羊、辣椒……

电商直播平台上一次普通的直播在人大校友群散播开来。有细心的校友惊喜地发现，直播间那位推销起凉山特产如数家珍、侃侃而谈的“老农民”，竟然是李福信。

凉山是全国“三区三州”深度贫困地区之一，地处大凉山腹地的美姑县则是凉山脱贫攻坚最难攻克的“大山头”之一。在四川凉山，流传着这样一句话：四川脱贫看凉山，凉山脱贫看美姑。投身这场全国脱贫攻坚战，李福信选择了“任务最艰巨、条件最艰苦”的一个战场。

◎ 将人大精神常记于心、恒践于行

1991 年，李福信以优异的成绩被中国人民大学录取。四载北上求学时光，他勤修学业、立德修身，不仅将思想品行、日常学习、体育锻炼、社会工作等融会贯通，还多次获得学校奖励，并且在学

校加入了党组织。在北京学习的四年，人民大学以人为本的办学理念和精神，以及实事求是、注重实践、艰苦奋斗的优良传统，都在李福信身上深深刻上烙印，成为他立世处事的重要准则。

1995 年 7 月，李福信从中国人民大学毕业后进入佛山市委工作，投身于公务员行列。珠三角地区是改革的先发地区，也是实践服务型政府的前沿阵地，更是人生和事业的大舞台。在市委办公室工作几年后，李福信主动下沉一线、服务一线，到基层政府任职，从招商引资、园区开发到直接面对群众处理征地拆迁、工资被拖欠、社会保障等工作，他干一行爱一行，用他自己的话说是“干得还行吧”。佛山作为发达地区，担负着更多先富带后富的责任，经常派出干部到援助地区工作。在顺德工作期间，李福信就被派往云浮、英德等地参与对口帮扶，在每个地方一干就是几年。在帮扶的过程中，经济欠发达地区的发展现状深深触动了他，也促使他一往无前，决心通过对口帮扶，贡献自己的一点努力来帮助改变欠发达地区的经济社会发展面貌。

2018 年初，习近平总书记视察凉山，同当地干部、群众共商精准脱贫之策。担负东西部扶贫协作对口帮扶凉山任务的佛山市闻令迅速积极行动。当年 5 月，李福信服从组织的安排，被选派到美姑县挂任县委常委、副县长，负责该县东西部扶贫协作工作。他克服重重困难，心系老百姓、倾情大凉山，敢担当、勇创新，积极开展安全住房、劳务协作、产业发展、人才支援等项目，每年都完成东部地区的各项任务，最终其帮扶工作受到美姑干部、群众的普遍赞誉。他到基层开展工作时，干部、群众都主动亲切地与他打招呼、聊家常、谈生产。在美姑不舍昼夜的扶贫一线工作中，他把技能培训、劳务输出、产业发展、消费扶贫、社会捐助等工作，反复做、不厌其烦地一件接着一件做，竭尽所能地帮助乡亲们增加收入，帮助乡村发展产业。他是当地基层干部、群众眼中的人大高学历人才，也是百姓心目中的“致富百宝箱”。大至发展种植养殖搞农产品加工，小至卖个瓜、卖只鸡，百姓只要请他帮忙，总能得到满意结果。

◎ 扶贫扶智，教育当先行

百年大计，教育为本。扶贫必扶智，治穷先治愚。教育扶贫是阻断贫困代际传递的重要途径。脱贫攻坚，教育扶贫一马当先。

李福信走遍美姑县各个乡，了解当地基础教育的实际情况，“让孩子们接受更好一点、再好一点的教育”的理念促使他想方设法去对接和落实各种帮扶资源。凡是有助于山区贫困地区改变办学条件的事，他都当成大事来干，积极主动争取、热情联系落实。无论是基金会的图书捐赠、运动场改造和足球夏令营活动，还是万洋集团捐资100万元建设处洪觉村小学，抑或是企业团体捐赠校服、书包、文具等物资，他都热情周到地对接，第一时间把社会的帮助和爱心落实到学校、传递到学生。一位与他交往多年、情同老大哥的顺德乡亲专程到美姑看望他，被他“不怀好意”地请到高山上一所学校，巡视一番后，他笑眯眯地对老大哥说：“帮个忙吧，您看这学校连盏路灯都没有，孩子们怕黑。”老大哥哈哈大笑，爽快地答应捐赠30盏路灯装在学校。人大的老同学暑假带孩子去体验生活，也被他借机“哄”走了一批校服、书包等物资。用老同学的话说，李福信这是扶贫成执念了。

当地教育局的同事都说，李福信最支持教育，有求必应，类似这样的好事还能数出很多。“两不愁三保障”中保障义务教育是重要内容。教育可以阻断贫困代际传递。东西部扶贫协作，教育帮扶是其中一个非常重要的内容。李福信认真地落实好每一项具体的工作任务，支持开展控辍保学、学前学会普通话工作，动员顺德的学校与美姑的学校结对开展帮扶，积极争取调派顺德的老师到美姑支教。如今，大小凉山彝区教育扶贫提升等工程在国家的重视和支持下陆续开展，宽敞明亮的新校园随处可见，原来连四川话都听不懂的少数民族孩子现在已经可以用一口流利的普通话与老师对话，很多孩子见到生人也不再害羞地躲闪了。

“眼前的成绩还远远不够。教育是百年大计，需要从根本上改善教学和生活条件，吸引更多优秀毕业生回乡反哺，才能一代一代地传承下去。”李福信如是说。他真诚地希望通过自己的努力，让山里的孩子和城里的孩子接受同样好的教育。

◎ 扶贫扶志，活水自然来

扶志就是扶思想、扶观念、扶信心，帮助贫困群众树立起摆脱困境的斗志和勇气。如果扶贫不扶志，扶贫的目的就难以达到，即使一时脱贫，也可能会再度返贫。道理谁都知道，但要付诸实践，绝非一日之功。

“一人就业，全家脱贫”，解决就业既能实现脱贫，还有利于扶志，李福信认为这是帮扶工作第一要务。凉山地区就业机会少，出路就是组织乡亲们外出到佛山务工。但是理想美好、现实残酷，李福信第一次大张旗鼓地组织动员一批顺德企业到美姑招聘，结果却只赚了个吆喝。由于长久的封闭，乡亲们对外界不是一无所知就是充满畏惧，不敢外出、不想外出、不会外出，没有熟人带万万不能出。

为了促进就业，从根本上改变现状，李福信带领驻县小组利用各种方式广泛宣传佛山劳务输出政策的主要内容，如在县城大屏幕滚动播放，制作成宣传单到集市上散发，到村里组织讲解，把鼓励政策和务工好处给群众讲清楚说明白，打消他们的外出务工顾虑，告知他们外出各项保障，讲道理，聊家常，说动群众特别是贫困劳动力外出务工。可以说是靠驻县小组的几张嘴皮子搬动了无数条腿，他们蚂蚁搬家式地把一批又一批老乡送到佛山顺德打工就业。通过努力，美姑县从零开始，不断向佛山组织输出劳动力。外出务工、劳动致富成了不少老乡摆脱贫困的有效途径，乡亲们真正实现了“一人就业，全家脱贫”。

为了使凉山务工人员在顺德安心就业，每次回佛山对接工作时，他都要到老乡务工的厂里去看一看，叮嘱勉励老乡们克服困难、稳定就业，做劳动致富的好榜样。老乡们体会到了政府组织外出务工的好处，还自发带动亲友一同外出打工。慢慢地，佛凉两地劳务协作生根成长，凉山外出务工人数逐渐增多。外出务工的老乡中，有不少成了自力更生、就业脱贫的典型。在佛山市顺德区天品电器科技有限公司务工的吉克以走，作为走出大山务工脱贫的凉山妹子，2020 年 10 月 14 日在北京参加了人力资源社会保障部、国务院扶贫办主办的“2020 年就业扶贫论坛”相关活动，介绍自己通过佛山凉山劳务协作走出大山以及在佛山快乐工作的经历和体会，被媒体广为报道。我们衷心希望她的脱贫故事，能激励更多凉山贫困劳动力外出务工、稳定就业从而脱贫奔小康。

◎ 扶贫扶产业，发展有保障

摆脱贫困的长久之计，还是要利用当地独特条件进行精准的产业规划，通过发展产业增强“造血”功能，这也是真正打赢脱贫攻坚战的关键所在。

美姑农业以家庭经营为主，商品化程度不高，特别是没有企业参与组织生产和对接市场，无基地无规模，无效率无效益。要让农业走上现代化之路，就必须打破局面，引入企业，创建基地，搞加工创品牌，发展规模化生产。

发展什么？怎么发展？经过实地调研、反复论证，在各级党委和政府领导的关心指导下，李福信瞄准大凉山良好的生态和自然条件，选择了发展中药材种植产业。他带领扶贫小组成员，引入企业在龙门乡承包流转土地，开始金银花规模化种植；引入川内名企好医生集团在竹库乡、瓦西乡种植附子；在依果觉乡建设温室大棚，开展藏红花种植，并推进中药材育苗，同时建设中药材初加工厂。通过努力，美姑中药材种植产业已经发展成从大棚育苗、田间种植、技术服务、加工生产到商品销售一条龙的初步完整的产业链。李福信希望通过发展以金银花为主的中药材种植产业，打造“美丽美姑、金银花都”，把中药材做成美姑的一张好名片。在已经种植药材的基地，农民变成了工人，就地就近就业，增加了收入，也改变了习惯，既脱贫也进步。

除了种植，养殖也是产业发展的重要方面。乌金猪、黑山羊、岩鹰鸡都是美姑有特色的畜牧品种。在李福信的带领下，美姑建设了龙门黑山羊养殖基地——美姑目前较大规模的标准化山羊养殖基地；规划建设了蛋鸡产业园，从而拉动玉米种植，帮助农民增收。

为了加强易地扶贫移民后续帮扶，在顺德人大常委会的帮助下，李福信找来了佛山市顺德区富德工艺品有限公司，开设了美姑县第一刺绣艺术工作坊，请来了广绣师傅在美姑开班培训、组织生产。第一批“绣娘”很快就尝到了家门口参加生产、就业增收的甜头。对于生产出来的产品，李福信带领扶贫小组做起了推销员，帮助工作坊建立更多的市场渠道，引入了知名平台主播“带货”，还将一批优秀“绣娘”培养成主播。佛山的一家企业跑到美姑来考察生产情况，把所有现货一扫而光。企业负责人说，买民族地区的刺绣扶贫产品，是因为既看到了商机，也被扶贫干部的担当精神所打动。

回顾产业协作的艰辛历程，每一点成绩都来之不易，巩固和发展的任务则更加地艰巨。李福信深深感受到，产业发展需要一个不断累积的过程，东西部扶贫协作的几个项目只是开了头、做了示范，但他希望这几个项目能够带动凉山深处美姑现代农业发展，让现代农业为彝区加快发展装上腾飞的翅膀。

◎ 扶贫扶医，撑起健康保护伞

贫困地区的医疗条件基础差、力量弱。初到美姑，李福信从与支医医生的交流中，了解到美姑的医疗现状之薄弱超出了想象。县人民医院只能做胃镜，做不了肠镜。消化系统疾病患者如果做胃镜查不出问题，就要转移到州或省医院做肠镜，既麻烦又多花费。有的贫困老乡直接选择了放弃，往往因此错过了治病的好时机。具有高医疗水平的县人民医院，竟然连一个普通的肠镜都做不了，这对李福信的触动很大。他心里暗自下了决心，要帮这个忙、扶起这医院。不久，顺德统战部领导赴美姑对接工作，李福信抓住了机会请求领导帮忙联系社会捐助，支持美姑县人民医院加强建设和提高医疗保障水平。很快爱心人士捐赠的第一批设备到了美姑县人民医院，支医医生则迅速行动，组织前期培训并“重操旧业”，亲手为病人做肠镜并教出了一批好徒弟，填补了美姑县人民医院的空白，为山乡人民造福。

每天早晨醒来，李福信心里盘算的都是哪里还有没落实到位的扶贫点，“赶紧动、快点干”成了他的口头禅，美姑的每一座山头都留下了他的脚印。

◎ 扶贫路，是经历，更是一生的收获

回首扶贫路，李福信如是感慨：

“我在凉山开展扶贫工作，亲历了决战决胜脱贫攻坚。历史性地消除绝对贫困是这个伟大时代的赞歌。我是幸运的，幸运被组织信任、挑选出来到前方参战，幸运在这个和平年代仍然有机会参加一场没有硝烟的战斗，这样的经历使我终生难忘和受益。深入最贫困的山村，使我更懂中国更懂农民，更加自觉学习贯彻好习近平新时代中国特色社会主义思想；与群众心连心干在一起，使我更加不忘初心，坚持以人民为中心，更自觉地为人民做好服务，更努力地为群众办好事情；扶贫磨炼了我铁血一般的意志，使我有信心面对挑战和战胜困难，以坚韧不拔的意志去推动工作落实；在发达地区与贫困地区之间的工作切换，使我更加珍惜在发达地区工作的机会，更加珍惜来之不易的发展成果和良好环境，增强了做好工作、服务社会的使命感和责任感。

“我来大凉山扶贫，大凉山却以山海之力从精神上扶起了我。感谢凉山，感谢一起战斗的小组成员和美姑干部、群众，感谢伸出援手的人大同学们，感谢所有帮助凉山、关心凉山，以及为大凉山彝区脱贫攻坚做出无私奉献和提供支持帮助的朋友们！”

李福信自述，本次采访时间为2020年，由中国人民大学校友工作办公室负责录音整理及文字编辑。

刘明望

|人物简介|

刘明望，1993—1997年就读于中国人民大学档案学院，获学士学位。2011年，任北京市绿园小学理事长兼副校长。

◎ 让打工子弟沐浴教育的阳光

我高中毕业于遵义四中，1997 年 6 月在人大获得历史学学士学位。我 1997 年 7 月开始在北京大学工作，在燕园从事二战史研究教学工作，其间在北大研究生毕业，并在早稻田大学、加利福尼亚大学、柏林自由大学等做过高级访问学者。

从 1997 年开始，作为北京大学学生法律援助协会的指导老师，我开始接触海淀周边的打工子弟小学。2011 年，我正式成为北京市绿园小学的理事长兼副校长。

我们最大的贡献，就是让进入这所小学的打工子弟获得良好的义务教育，扣好人生第一粒扣子。我们的小学毕业生都无条件直升海淀区的公立初中，其中近五分之一的学生以优异的成绩升入北京市八一学校。我们尽最大的人力财力物力，为打工子弟提供了优质的、极富爱心良心的六年义务教育。

1989 年，我家被评选为遵义市“教育世家”。在这种投身于教育的氛围中，我一直认为创办公益学校是我力所能及且应该做的事情。

不仅仅是我，我的老师、同学、学生，还有社会慈善家都在支撑打工子弟学校。我们运用各种渠道，例如人大、政协等平台，让大众关注到打工子弟的教育问题，让社会和政府更加关注教育现状。

通过接触打工子弟学校的孩子，我发现他们和城市里的孩子没什么两样，都是很好的种子。若社会给予他们阳光雨露，他们可以成为栋梁之材。若没有阳光雨露，他们就可能成为建设力量小但破坏力强大的火柴棍，一点燃可能会烧毁一片树林。没有受到正常教育的他们，没有从学校学到能维持体面生活的一技之长，如何为社会做贡献？只有在义务教育上加大投入，才能最大限度地解决这种情况导致的社会问题。只有给予孩子足够的关爱，教会他们礼仪与尊重，让他们有足够的上升空间，才能让他们成长为参天大树，也能大大提高社会稳定度。

我家被评为“教育世家”

◎ 脱贫的关键是教育

学校 50% 的支出来自学费，其余的 50% 由爱心企业、机构、基金以及公益组织的团队给予支持。但这种运营模式不是长久之计。学校最希望的是，义务教育不再需要依靠慈善或个人。我们的最终目标是让良心教育真正惠及每一个人。

要怎么实现脱贫？脱贫的关键是教育。对于弱势群体，家庭无法给予留守儿童足够的关爱，学校师资力量也不够。他们没有学习的场所，就会失去努力向上发展的可能。

我们的教育启蒙一定不是补差教育。整天盯着孩子不擅长的科目去报无数的辅导班，会对他的心理造成不良影响，我们应当针对孩子的特长进行培养。从人生长远来看，人如果要一生健康快乐，那他起码要有两个爱好。爱好是从小培养的，人要有很多的爱好。中国古代也有“技多不压身”的说法。如果现实中你的爱好不足以让你维持体面的生活的话，你就得考虑与爱好相近的其他的技能。你可结合自身情况，根据权重选择自己更容易掌握的专业。

留守儿童接受教育

孩子成人之后，能够独立思考、有了自己的思想，那么他接受的教育算是成功的。教育给了人独立思考和怀疑的能力，并且使人在意识到了爱好与现实的冲突后会主动寻找解决办法，学会运用以往教育中获得的思想去改善今后的生活，如果能达到这种效果，我认为义务教育就达到了正向效果。

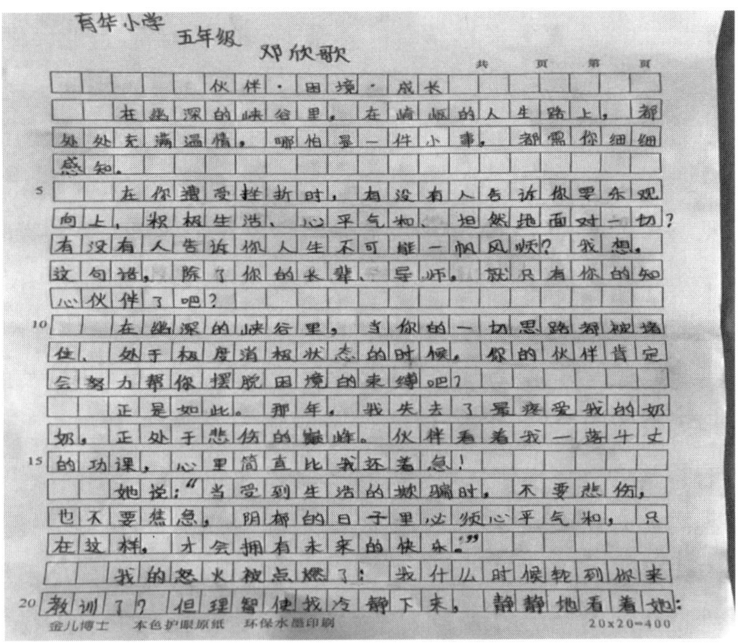

育华小学 五年级 邓欣歌

共 页 第 页

伙伴·困境·成长

在幽深的峡谷里，在崎岖的人生路上，都处处充满温情，哪怕是一件小事，都需你细细感知。

在你遭受挫折时，有没有人告诉你要乐观向上，积极生活、心平气和、坦然地面对一切？有没有人告诉你人生不可能一帆风顺？我想，这句话，除了你的长辈、导师，就只有你的知心伙伴了吧？

在幽深的峡谷里，当你的一切思路都被堵住，处于极度消极状态的时候，你的伙伴肯定会努力帮你摆脱困境的束缚吧？

正是如此。那年，我失去了最疼爱我的奶奶，正处于悲伤的巅峰。伙伴看着我一落千丈的功课，心里简直比我还着急！

她说："当受到生活的欺骗时，不要悲伤，也不要焦急，阴郁的日子里必须心平气和，只有这样，才会拥有未来的快乐。"

我的怒火被点燃了：我什么时候轮到你来教训了？但理智使我冷静下来，静静地看着她：

金儿博士 本色护眼原纸 环保水墨印刷 20x20=400

义务教育达到的正向效果

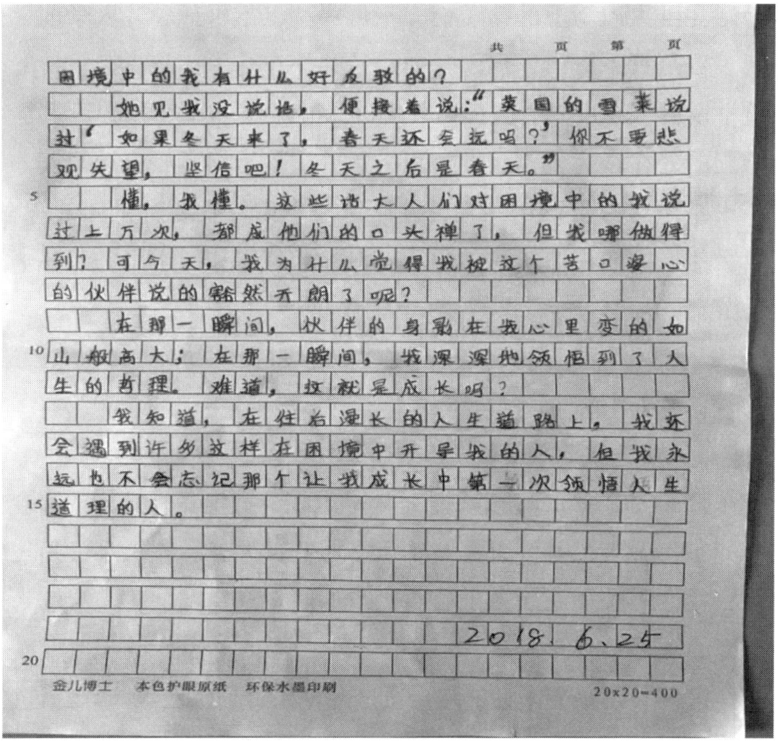

共 页 第 页

困境中的我有什么好反驳的？

她见我没说话，便接着说：“英国的雪莱说过‘如果冬天来了，春天还会远吗？’你不要悲观失望，坚信吧！冬天之后是春天。”

懂，我懂。这些话大人们对困境中的我说过上万次，都成他们的口头禅了，但我哪做得到？可今天，我为什么觉得我被这个苦口婆心的伙伴说的豁然开朗了呢？

在那一瞬间，伙伴的身影在我心里变的如山般高大；在那一瞬间，我深深地领悟到了人生的哲理。难道，这就是成长吗？

我知道，在往后漫长的人生道路上，我还会遇到许多这样在困境中开导我的人，但我永远也不会忘记那个让我成长中第一次领悟人生道理的人。

2018.6.25

金儿博士 本色护眼原纸 环保水墨印刷 20x20=400

义务教育达到的正向效果（续）

◎ 教学生在阅读中成长

从执教的第一天起，我就特别欣赏会阅读的孩子。我们建立了图书室，不断补充优秀的儿童读物，类别有历史的、地理的、美食的、音乐的、体育的，等等。我们不停地和孩子们一起阅读、朗读、背诵，一起积累知识，一起思考问题，一起茁壮成长。在开始广泛阅读之前，孩子们的理想有半数是做超市的收银员。而阅读之后，各种各样的答案让老师们激动落泪。开展阅读活动之前，孩子们经常蓬头垢面地到学校。如今，孩子们会在校门口礼仪镜前抬头挺胸。

我的孩子们，大都家境贫寒。我一直为他们的未来担忧，心痛的感觉挥之不去。直到阅读的阳光照进孩子们的心田，我不再忧虑。

因为站在巨人肩膀上的孩子们，不再弱小，不再孤独。入学前，孩子们多数是默不作声，自信互助友爱的外在行为比较少；坚持阅读半个学期后，通过老师一对一带读、分组朗读、朗诵比赛等的教学，孩子们的外在行为多了。半年到一年后，孩子们开始主动阅读，开始从书本中寻找自己的兴趣，开始从书本中寻找各种未知的答案。各年级的老师们也纷纷建立朗读园地，老师们和同学们一起在书海里畅游。

◎ 无愧“实事求是”的校训

作为人大的一员，“实事求是”的校训让我能正视这样的社会事实：如果一个人小时候天天被欺负，那他长大之后就很难去爱这个社会；社会不关爱底层孩子、不给予他们上升空间，对社会的未来是有害的。

作为一个教育工作者，我会通过各种渠道提供建议。只有这样，我才无愧一名老师、一名坚持“实事求是”校训的人大毕业生的身份。

我认为，只有从义务教育开始，持续地改善底层孩子的教育问题，才能带动社会的良性循环。有了一技之长，这些底层孩子才能体面地生活并以此回馈社会。人的一生应该是这样一个过程，即在因材施教的老师的呵护下，学有所成，再用所学技能服务社会，并因此获得社会认可。

我期待若干年后，我们打工子弟小学毕业的孩子们都成为社会的栋梁。希望社会为类似我们小学里的孩子提供更好的教育平台；希望全中国的孩子们不分地域、出身，都能获得最好的阳光教育。

我将继续投身公益教育事业，无愧人大“实事求是”的校训，无愧遵义市“教育世家”的称号，无愧人民教师的称谓。

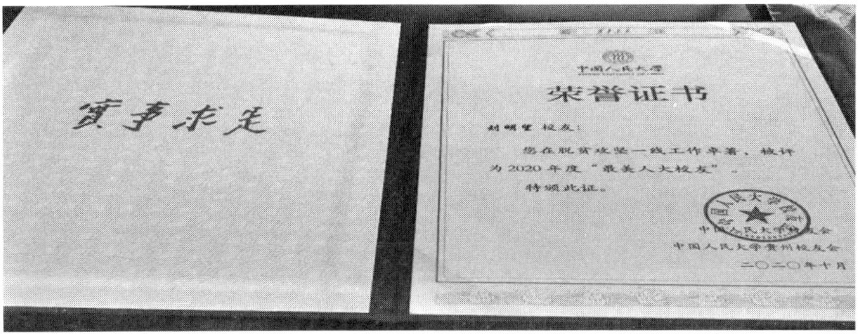

我被评为“最美人大校友”

刘明望自述，本次采访时间为2021年4月，由中国人民大学校友工作办公室负责录音整理及文字编辑。

莫彩华

|人物简介|

莫彩华，男，汉族，1990年9月生，浙江长兴人。2009年7月加入中国共产党，2018年8月参加工作。2009—2013年就读于中国人民大学商学院，获学士学位；2013—2015年就读于中国人民大学商学院，获硕士学位；2015—2018年就读于中国人民大学商学院，获博士学位。曾任福建省莆田市城厢区副区长；现任福建省三明市清流县委副书记、县长。

◎ 为什么选择基层?

我叫莫彩华，2009年本科入学，2018年博士毕业，在人民大学学习和生活了九个春秋。2018年8月我作为引进生到福建工作，先后在莆田市城厢区、三明市清流县工作。

我自小学一年级开始便离开父母独立求学，在成长过程中，在父母、老师以及一些长辈无形的影响和引导下，形成了一个观念，即如果能帮到别人，自己会感觉更快乐，基层的情怀也慢慢由此产生。想到基层去这个念想在大学期间基本形成，尤其想到自己虽然出生在农村，甚至读书读到博士，但对中国社会其实并不了解，我竟有一种恐慌感。

更有幸的是，2012年6月19日，时任国家副主席习近平同志到人民大学调研，我负责现场记录。在听了习近平同志的一席话后，我在心里种下两颗种子：一颗是下沉求知探索的种子，一颗是理论联系实际的种子。正是这“两颗种子”坚定了我到基层去的理想信念。同时，在人大求学的九年时光，母校“立学为民、治学报国”的教育教学理念，从求学到毕业择业一直促使着我“要到基层去”。

在2018年毕业择业的岔口，我有几个选择，例如去基金公司，与我的专业对口，或是去老家浙江的省直机关，我已经被录用了。这两个选择于我而言，可能会让我个人生活得更舒适些。但在最后，我发现自己还是放不下内心由来已久的基层情结，于是选择了福建引进生这个项目，希望更加深入地去了解基层和社会的真实情况，去触摸这个社会“神经末梢”跳动的脉搏。

◎ 在基层做了什么?

2018 年 8 月，我开始南下福建，多年前种下的“两颗种子”在八闽的大地上生根发芽。习近平总书记给青年的寄语“要立志做大事，不要立志做大官”和母校人大“实事求是”的校训一直在鞭策着我。我也始终保持清醒的自我认知，谨记学校的叮嘱，“组织把我们放在了基层重要岗位锻炼，承担了很多风险”，如履薄冰，干在实处，不让组织和母校失望。

2018 年 8 月至 2021 年 6 月，我历任莆田市城厢区人民政府党组成员、科技副区长，城厢区人民政府党组成员、副区长，兼任常太镇党委书记，并先后挂职城厢区华亭镇党委副书记、埔柳村党委第一书记。任职经历，让我立体地了解了基层运行情况，更让我直接深入了基层一线，跟同志交朋友、向人民群众学习，坚持多听、多看、多学、多干、多悟，也做了一点实事。比如，我在城厢区任副区长时分管招商、金融等工作，跟着市区领导一同成功引进大唐电信、三利谱等项目，其中多个项目税收超亿元。我在兼任常太镇党委书记后，明确了“四个一”，即带领好一个班子、保护好一个湖、发展好一棵树、振兴好一个镇的发展思路，其中在“发展好一棵树”上，抓住了常太镇“中国枇杷之乡”这棵“民生树”。鉴于常太枇杷产量大、品质优，但价格一直上不去，打击了农户信心，我带领班子谋划了“十篇文章”，通过提升品牌、提高质量、提增价格，推动枇杷每斤价格从 3.8 元涨到了近 9 元，最高价甚至超过 10 元，实现了农户增收，推动了产业发展。

2021 年 6 月，组织将我调任三明市清流县，任县委副书记，并先后任县政府代县长、县长。清流是原 21 个中央苏区县之一，有厚重的红色文化，这里的干部、群众有着苦干实干的苏区精神，是一方生态福地，绿色旅游资源丰富，森林覆盖率达 80% 以上，也是一个矿产资源大县，带动了氟新材料、新型建材等产业规模化发展。作为县长，我始终把践行新发展理念作为第一要务来抓，前瞻性做好教育、交通和城市建设等领域规划布局，积极谋划项目、争取资金，完成城区主干道白改黑、街区立面改造以及龙津学校、总医院综合医疗大楼等民生补短板项目建设，积极推进职业教育改革，不断提升群众幸福感；聚焦氟新材料、新型建材、特色现代农业、文旅康养等四大主导产业，坚持产业链集群发展，制定“亩均论英雄”机制，实施产业园区“腾笼换鸟”；坚持为发展赋能，聚力产城融合，实施“清人回归”工程，推进工业园区修编扩园，加快推进小县大城关战略落实，进一步拓展发展空间；等等。

◎ 在基层的感受是什么?

从一名学生到基层工作者，我深刻感受到基层大有可为，在基层干事创业确实是把论文写在祖国大地上。基层是我们这一代人应该去和需要去的地方。

基层是锻炼综合能力的平台。基层工作涉及经济社会发展的方方面面，非常锻炼一个人的综合能力。在工作层面，想抓好一个县或镇的经济发展，要会抓产业、要会抓项目、要会抓招商等。其中需要应对征地拆迁甚至突发事件等，多方面工作都需要统筹。我当初选择基层的一个重要原因，就是希望能去做更综合的事，能将所学用于更大范围的经济社会发展，也能锻炼自己更加综合的能力。

基层是磨炼意志、修身学习的熔炉。在基层，很多工作无法一步到位，需要爬坡过坎去解决一个个大小问题，确实很磨炼心性。同时，还需要处理好跟群众、同事、上级、企业等各方关系。既要善于团结大家一起干，也要敢于斗争守底线，非常锻炼我们这些书生的定力和应变能力。到清流任职后，我通过与县委书记一周一碰头深入交流、交换想法，很好地带动了整个班子团结协作的氛围。我最大的体会是，我们是新时代组织路线的受益者也是践行者，作为名校博士，要正确认识自己，杜绝“官气”，少些“书生气”，多接地气，以低调谦虚的态度交朋友、干事业，努力让自己从最初跟身边同事不一样到一样，再通过干事创业和理论总结，实现从一样到不一样的升华。

基层工作能给我们实实在在的价值感。习近平总书记曾说，“中华民族伟大复兴的中国梦终将在一代代青年的接力奋斗中变为现实”。人大也始终教育我们要“治学报国”。在基层工作以来，我尤其体会到共产党干部不是官，而是人民的勤务员，我们所做的事也不是一份简单的职业，而是为人民服务的事业。群众尊称一声“领导”，实际是对我们的鞭策。当共产党的公务人员，就是选择了为民情怀，选择了奉献，这不是一句空话。当你想办法把农户农产品卖出去让他们赚到钱的时候，当你把群众期盼变为现实的时候，当你为地方发展做出一点点成绩的时候，你就会觉得当初的选择是对的，付出的努力是值得的，这种强烈的正反馈也是很多其他工作给不了的。这是我最切身的感受，是一种理想信念和人生价值实现的收获与喜悦，也是基层工作的重要价值。

师弟师妹们可以把基层作为奋斗的主战场。2022 年 4 月 25 日，习近平总书记到人民大学调研时提出期望，“希望广大青年用脚步丈量祖国大地，用眼睛发现中国精神，用耳朵倾听人民呼声，用内心感应时代脉搏，把对祖国血浓于水、与人民同呼吸共命运的情感贯穿学业全过程、融汇在事业追求中”。习近平总书记的话让我感悟很深刻，也让我更加坚定初心信念。在当今复杂的国际形势下，以及国内改革开放进入了深水区，中国的发展新阶段也遇到了更多的挑战和机遇。我们这代人自懂事以来，一直习惯于“明天比今天会更好、明年比今年会更好”的逻辑思维。到基层工作，更有利于我们看到最真实的情况，尤其是更能遇到并解决真困难和真问题，进而摆脱惯性思维，为发展贡献一点微薄之力，切实用自己的所学回馈国家和社会。基层大有可为，人民大学的学生更应该响应习近平总书记的号召，“勇当开路先锋、争当事业闯将”，按照“实事求是”的校训要求沉下心来做实事。

最后，衷心祝福我们伟大的党和国家更加辉煌富强，祝福我们亲爱的母校桃李辈出。

莫彩华自述，本次采访时间为2022年，由中国人民大学校友工作办公室负责录音整理及文字编辑。

采写 / 李宣谊

卿峰

|人物简介|

卿峰，2009—2013 年就读于中国人民大学商学院贸易经济专业，获学士学位；2013—2015 年就读于中国人民大学商学院国际商务专业，获硕士学位。

我在中国人民大学求学六年，也当了六年党支部书记。学生工作锻炼了我的能力，培养了我的理想主义情怀。这与我选择工作有直接的关系。

首先，我一直希望在基层一线建功立业，发挥所长。其次，我对乡镇有一种天然的感情。从小学到高中我一直在乡镇长大，也是在县城考上人大的。最后，对于为什么不在北京或回老家下基层，我的想法是，西部基层最需要我们。在选调生招录中，选择东部地区的人最多，因为那里条件比较好、发展比较快，西部则很少人去。我想恰恰是宁夏这样的边远地区、民族地区更需要我们。

在宁夏，我要过生活环境不习惯这一关。我是湖南人，在回民乡镇工作，生活不适应是最开始所面临的挑战。我曾经工作的地方，回民占绝大多数。一方面，我要克服饮食不习惯；另一方面，同回族群众打交道，需要考虑少数民族群众的许多禁忌，我要经过一个下苦功学习、从一无所知到了解熟悉的过程。

刚到宁夏时，我就感受到了当地生活条件的困难。镇上基本是回民，由于生活环境不同，回民一般不会租房给外人。我最早居住的地方，既没有暖气，也没有洗澡间。就在这样的条件下，我熬过了两年。

起初，我感到了前所未有的孤单、孤独。初来乍到，我没有认识的人，在来宁夏之前也没有实地走访，一切都感到十分陌生。既没有朋友，也很少见同学，更不要说什么社会关系了。

走上工作岗位后，特别是走上领导岗位后，需要经历一种蜕变。一开始我书生气很重，说话、做事不太注意方式方法，容易得罪人。工作不好开展时，我又会感到委屈和不适应。在最艰难的两三年后，我有一种凤凰涅槃的感觉。处理各类事情、各种关系，不说游刃有余，但我至少适应了基层的工作方式，有了自己的工作方法。

我经历了许多工作岗位，每一个岗位都给我提供了一个实现理想抱负的舞台，这让我特别有成就感，感到每一个日子都有意义，有实现理想的充实之感。我想这是基层给我的最大的财富。

我们引进了很多产业项目，推动了文化旅游项目的建设，整合了镇上的旅游资源，建设了葡萄酒农业产业强镇，做了许多功在当代、利在千秋的事情，为人民群众做了很多实事。能够参与到乡村振兴和乡村经济发展的大潮之中，我感到很荣幸。

我刚到宁夏时，银川周边的吊庄移民村、生态移民村贫困发生率很高，虽然政府提供了一些资源，但是群众大多缺乏文化，没有可以自立的资源，只靠一两亩地实现大范围的脱贫是不可能的。

经过这几年的努力，自治区的扶贫力度特别大，特别是大力推进行业扶贫、技能扶贫。扶贫关键看产业。要让一个地方脱贫，最重要的是在一个地方扶持新的产业，用产业带动移民致富。

当地适合发展葡萄酒产业和枸杞产业，银川其他地方还挖掘了特色文化，推动脱贫致富。同时，政府引入企业，或者直接投资，或者与企业共建加工厂和开展规模农业，让农民参与地方的经济发展，通过形成产业链来脱贫致富。

大家都在说“扶贫先扶志”。我的看法是，关键在思想观念的转变，关键在工作技能的提升。很多贫困户自己都不认为自己能致富，还有的只想一直打零工，不愿意学习、提升。我们采取的对策是举办各种培训班，比如葡萄采摘培训班以及枸杞种植培训班，培养他们的一技之长，再通过政府、企业合作把产品输出到市场，从而实现脱贫。

我在任职期间，大力推进“一村一业”。一定要推进产业扶贫，因为造血功能强于输血，根据各个村的特点确定适合的产业，从而带动贫困户发展新产业。我们镇有个村，成立了康养源食品厂。这是一个扶贫工厂，争取了 200 万元扶贫资金。我们要求工厂必须雇用贫困户，投入资金后必须每年向贫困户分红，实现了经济效益和社会效益、企业和贫困户的双赢——企业获得资金、实现成长，贫困户也有稳定的收入。

我们的理念是，市场能做的事就让市场来做，政府主要提供服务平台。比如加快推进农夫乐园日光温室大棚、影视摄影棚等项目建设，打造强大的扶贫产业。

我的未来规划还是留在基层工作。我始终觉得基层是一个真正干事创业的大舞台。这是我最初的想法，也是我现在的想法，还是要不忘初心。

我比别人能吃苦，也不怕吃苦。我爱学习，特别是工作以后一直保持学习的习惯，针对工作新情况不断研究和学习。我一直鞭策自己保持足够宽广的视野，尤其是在基层思考问题的视野不能狭窄，我一直对此保持警惕。

我送有志于参加基层工作的师弟师妹几句话：一定要敢吃苦、不怕累，受得了委屈；一定要坚持、坚持、再坚持，越是需要信仰的时候、陷入困难的时候，越要咬紧牙关，有时候挺一挺就过去了；一定要终身学习，在工作中保持学习的心态。我们作为所谓的高学历干部，不要因为一些名头而沾沾自喜，一定要向大家学习；到了基层要善于团结，为人适当地低调谦逊，切忌好高骛远。

基层是时代最大的舞台，广阔天地，大有作为。脱贫攻坚战结束之后，国家马上就要在基层全面推行乡村振兴战略。这正是我们坚守基层、扎根基层、发展基层、奉献基层的大好时机，在这个关键时刻决不能当逃兵。参与到这个伟大历史进程中是一种荣幸，我希望大家一起珍惜这个机会。

卿峰自述，本次采访时间为2020年，由中国人民大学校友工作办公室负责录音整理及文字编辑。

石 嫣

|人物简介|

石嫣，女，中国人民大学农业与农村发展学院博士，国家发展改革委公众营养与发展中心全国健康家庭联盟健康传播大使。现为分享收获社区支持农业（CSA）项目创始人与负责人。中国CSA和可持续农业的重要推动者。2016年3月16日，当选2016年“全球青年领袖”。

人生是一个圆，不管从哪里起航，总会回到最初的起点，只不过这个圆会随着人生疆界的变大而扩大，最初的起点会如同被逐步砌高的擂台，让人站得更高、看得更远。

以农村为起点，最终又回到农村，助人助己，石嫣的举动和收获惊艳了所有人。那么，石嫣的人生之圆到底可以有多大呢？答案无人知晓，唯一确定的是，她一直在路上。

◎ 耐住寂寞，守住孤独，毅然独自前行的沙漠之舟

1982 年，石嫣出生在河北保定，跟大多数人一样，家境普通。稍有不同的是，她从小家教很好，有一股难得的淳朴气息，这些都要从父母年轻时插队的故事说起。

特殊时期，全国各地物资极其匮乏，石嫣的父母被下放到农村干活，那时候互不相识的两人彼此扶持打气，你来我往，情愫暗生。

爱情水到渠成时，两人完婚。随着时代的变迁，生活越过越好，父母来到城市发展，一边操持生计，一边养育女儿。

回忆的动人之处在于可以重新整合，可以将那些毫无关联的往事重新整合起来，获得全新的过去。

也许曾经的插队生活是辛苦的，但对父母来说也是爱情的起点，回想起来粉红旖旎，如梦似幻，父母时常把过去的生活讲述给石嫣听，她的童年就是乡村故事合集。渐渐地，石嫣对田园生活心生向往。

得益于父母开明的教化，石嫣从小聪明好学、勤于思考，学习成绩一直名列前茅，若遇到不懂的问题，父母会引导她深入实际，用实践决定认知。

渐渐地，实地调查研究成为石嫣答疑解惑的重要方式，不知不觉她爱上了在自然实践中思考。回想起父母描述过的插队故事，她对“晨兴理荒秽，带月荷锄归”的乡野生活越发感兴趣。

生活中思考，思考中学习。久而久之，石嫣发现，现代科学技术的发展已经将人与农业隔离开来，人们不再对充满烟火气的田间劳作感到满足。

加上城市化速度加快，许多农民背井离乡来到城市生活，大批田地被荒废。相比土生土长、自然无污染的农作物，人们普遍食用的是化肥和农药培育而成的瓜果蔬菜。

看到这些问题，石嫣不禁思考：以前的生产方式好是好，只可惜消耗大、产量低，那有没有一种两全其美的农业模式，既可以让农作物安全无污染，又能促进农业经济的发展，让人们不再谈农色变呢?

对于这些想法，小女孩的心中充满问号。她想靠学习把这些难题纷纷化解，于是小小年纪便立志学习农业。本就成绩优异的石嫣，学习时更加奋发图强。

每一个认真付出的人都不会被辜负，最终石嫣取得非常傲人的高考成绩。就当所有人以为她会报考清华、北大这类学校时，石嫣却出乎所有人的意料，把第一志愿填报在河北农业大学的农学专业。即使亲如父母，他们也同样无法理解女儿的选择。

不被理解是孤独的吗？也许吧！但是孤独是一个内心整合的过程，能让自己清醒地看世界，也能让自己理性地看自己。

石嫣清楚地知道自己的选择意味着什么，自己热爱农业，只有选择河北农业大学，才能摸索出正确的农业之路。造福社会各界人士，是她的人生梦想和信仰理念所在。

2002 年，石嫣如愿被河北农业大学录取。踏实刻苦学习专业知识的同时，她积极参加学校社团活动，努力提升交际能力，不仅专业成绩斐然，还能说一口流利的英语。

2006 年，石嫣顺利拿到学校的推免名额，进入中国人民大学学习农村发展专业（硕博连读）。然而亲朋好友再一次愁上心头，都来劝说准研究生改变想法，换个专业，以免未来的路不好走。可这些都是别人的想法。

城里的人想出去，城外的人想进来，但石嫣守着这座农学之城哪也不去，因为她知道这里才是自己的归宿。石嫣坚定执着，觉得自己无比幸运，早在本科期间，她就已经读过知名“三农”专家温铁军写的系列著作，内心的敬佩之情油然而生。因此石嫣毫不犹豫地选择温铁军教授为导师，最终得偿所愿，她离人生理想又近了一步。

石嫣曾大方坦言，导师给她带来的最大影响莫过于实践中的务实精神。一句温铁军教授时常挂在嘴边的“先去调查实践才有发言权”成为她人生的方向指示标。

没有能力争论之前，保持缄默，先做正确的事才是明智之举。只有进行深入实际的调查研究，才能看到里面的实质，找到问题的症结。

百舸争流，奋楫者先。诚然，一个人的成功离不开目标的设立，但更重要的是目标之大，可以惠及全人类。

当时还只是大学生的石嫣就已经将目光锁定在“三农”问题方面，她认为城镇化的建设与普及不应该以牺牲农业为代价，不能因为建设新家园而抛弃民生之本的农业，这是顾此失彼，不是真正的时代进步。

民以食为天。如果吃得马虎粗糙甚至不健康，人们怎么会有充足的精神和强健的体魄去工作、去给社会创造价值呢?

意识到问题的严重性，石嫣更加坚定自己研究生时期选择农学专业的正确性与必要性。她跟随导师深度调研农田，走访村庄，逐渐把乡村农业发展作为毕生使命。

◎ 无惧无畏，开拓进取，主动承担生命之责的森林之王

对于努力且时刻做好准备的人，上天从不吝啬机会。2008 年，石嫣受资到美国生态农场实习。

2008 年 4 月 16 日，石嫣飞往美国深造。与进入象牙塔学习不同，她直接来到明尼苏达州的“地升农场”，开始为期近半年的学习与交流。机会难得，工业化农业与传统农业的联系和区别将是石嫣思考的重点。

人生地不熟，向来自得其乐的石嫣把这段人生插曲称为“洋插队”农耕生活。在此之前，她就对美国的一种新型农场——CSA 农场有所耳闻。CSA 以生态系统的自我循环和可持续发展为出发点，旨在实现“永续农业”。

要实现这一目标，农场必须对垃圾进行严格分类。经过一年时间的发酵，烂掉的菜和吃剩的食物才可以作为土地肥料，用于生产。如此一来，可以极大程度地降低人们在种植作物时对生态的干扰力度，真正实现“永续农业”。

与石嫣预想的不同，“地升农场”强调有机环保理念，禁止使用化肥、农药、除草剂、催熟剂等，因为这些都会影响庄稼的正常生长。

每逢工作日，石嫣都会到种植园学习种植技术——浇水、移植、耕地、播种、除草、喂鸡、施肥等，甚至包括开拖拉机和亲手制作耕作用的小机械。

不仅如此，农场里的所有活她都要亲自完成，偌大的农场只有一台小型拖拉机，劳动强度极大。石嫣时常蹲在地里，暴露在骄阳下，整天汗流浃背，白皙的皮肤被晒得黝黑不说，双手还时常被杂草扎得伤痕累累。

仅仅是一次交流学习，石嫣为什么这么拼？因为她明白，CSA 才是未来农业的最佳选择，诚信是这种经营模式的最高原则和最低底线。

有关 CSA 的一切交换都是基于信任，没有中间差价和任何质量问题，双方都放心。鉴于此，石嫣笃定，要为中国建立第一个 CSA 农场，把健康无污染的蔬菜输送到社区居民的餐桌上。

在美国生活的近半年，石嫣看到了许多意想不到的景象：大家日出而作、日入而息，菜市场上仍有来来往往的马车。

她不禁思考：当食品行业大刀阔斧展开变革和农业资本化不断加速时，小农经济该何去何从呢？“食在当地、食在当季”的生活理念是如何延续至今的呢？

带着这些问题，石嫣回想起中国农民坚持了几千年的耕种方式，其不正是与美国 CSA 不谋而合的有机农业吗？只是随着时代变迁，这种精耕细作的农业受到强烈的资本冲击，几近面目全非了。

美国的近半年之行让石嫣对课题研究产生更为深刻的理解，也为自己日后在中国创立 CSA 农场开辟出新的思路和空间。

◎ 把握当下，享受当下，且行且珍惜的全球青年领袖

2008 年 10 月 13 日，石嫣结束美国之旅，怀着崇高的农业理想回国。

近半年不见，甚是想念，母亲专程来到北京机场迎接女儿。看到脸蛋红润的宝贝女儿竟然变成了一个黑黑瘦瘦的农家姑娘，母亲很惊讶，摸着女儿长满老茧的双手，很心疼。

石嫣一边安慰落泪的母亲，一边欢乐地讲述自己在美国增长的知识与见闻。回国后，她没有忘记自己的初衷，选择继续扎根农村，准备建立中国第一个 CSA 农场。她在导师温铁军的帮助下创办了小毛驴市民农园。

虽然在创立农场之前，石嫣就考虑过可能遇到的风险与阻碍，但实际远远比她想的要更加困难。首先是来自家人朋友的不理解，他们认为石嫣太疯狂了。凭借着她的学历和经历，大多数科研机构和公司她都可以去，从此以后做个都市丽人或科研人员不是更好吗？结果她却选择回到农村种地！大家不敢相信。

但任由他们说也说了，骂也骂了，石嫣愣是拗着一股劲，非得种地。当时只有她的男朋友程存旺，默默辞掉工作，陪着她走进农场。

来自家人朋友的反对暂时可以抛之脑后，来自周围农户以及工作人员的不信任却让石嫣头疼不已。有机生产抛弃大多数机械化操作，讲究农户精心照料，对人力的需求更多，但石嫣农场人员招募

却屡屡碰壁。小毛驴市民农园周围农户认为她虽然顶着名校光环，但仍是没有种过地的，只会乱指挥。因此，他们并不愿意去石嫣的农场工作。

另外，则是中国人根深蒂固的对农民的“蔑视”。“朝为田舍郎，暮登天子堂”是大多数人的普遍诉求，脱离农业则是许多人的追求。石嫣好不容易招来的工作人员，还没做多久就被父母找上门，斥责：“你就是去城里的建筑工地，也比待这里好。”“我当了一辈子农民了，送你出去上大学，就是为了不让你当农民。”这类话语不绝于耳。面对众人的质疑，石嫣只是收拾家当，直接住进村中。

她知道，行动就是最好的解释。她直接下地干活，累得汗流浃背，从不见一句抱怨。有的农民在种植过程中出现问题，她更是凭借所学知识与经验，帮助他们找出解决办法。

久而久之，周围农户对石嫣的看法渐渐改变，他们纷纷加入石嫣的小毛驴市民农园。石嫣初步解决农园工作人员不足的问题。但石嫣面临的最主要的问题还是市场方面，她始终难以打开市场。她身上的名校光环再重，也不足以弥补这个模式的“不成熟”。起初，农场会员很少，主要原因在于有机蔬菜的价格以及供需两端之间的不信任。

有机蔬菜价格太贵。比如，超市的紫甘蓝卖 3 元左右，从石嫣农场出来的紫甘蓝却要 20 元。CSA 模式下的有机蔬菜比普通农户出产的蔬菜价格要贵上太多太多，许多人都无法接受。好不容易有人看重石嫣所说的“绿色无公害”，却又在看到石嫣出示的蔬菜模样后望而却步。有机蔬菜太丑了，而且味道也称不上特别美味。

大多数人对有机蔬菜存在误解，认为这种经过农户精心照料的蔬菜一定更大、更脆、更甜，同时也更加好看。面对这种情况，石嫣只能解释，这是一个误区，因为少了很多药物限制和药物催生，有机蔬菜的“长相”反而更容易千奇百怪。至于价格方面，石嫣仍是无可奈何：“人们更倾向于买廉价的食品，而追求价格不菲的名牌服饰。”即使如此，她仍不放弃对外宣传，宣讲有机蔬菜、CSA 模式的可行性。

在农业步入商品经济时代后，看似“便宜”的购买价格，并不足以证明蔬菜的安全性。“食物是药”，是她始终如一的态度。

同时，供给方在生产有机蔬菜过程中投入了巨大的人力，导致成本上升后有机蔬菜价格难以下调。有机蔬菜的价格下调仍是一个长期改进的过程。

即使如此，石嫣仍坚定向外承诺，必将遵守 CSA 模式中的“诚信”“负责”理念，让所有加入其中的农场会员享受完完全全绿色无公害的蔬菜。有一次，田里出现了许多害虫，一个工作人员为了省事，选择喷洒药物除虫。这件事被石嫣得知，她当即下命令把那一块田中的农作物全给拔除。有人偷偷笑话石嫣，说她好傻，反正那些消费者又不知道她具体是怎么种植的，偷偷用点药物也没人知道。石嫣却不顾他们的嘲笑，她若在乎那点投入，想多赚钱，当初干脆不入这行，去找个公司工作不是更好。CSA 模式讲究的是“相互信任”，她不能让这块招牌砸在自己手里。

正是因此，石嫣获得消费者的认可，逐渐打开了市场。农场会员越来越多。石嫣的 CSA 农场越做越大，她更是在 2012 年创办了分享收获（北京）农业发展有限公司，开辟了新的分享收获农场。她利用更大的平台去宣讲、推广 CSA 模式。

她创办的分享收获电商平台，不仅仅售卖自己的有机食品，全国各地凡是通过筛选与检测的有机粮食都可以放在这一平台售卖。

随着现代化进程加快，人们更加注重食品安全，石嫣的 CSA 农场作物完全符合人们的预期和要求。渐渐地，有机农场在口口相传中越传越广。

2012 年，CSA 农场在全国突破 500 个。每建立一个农场，石嫣都会亲临现场，展开详尽的指导。一时间，石嫣成为许多大企业眼里的香饽饽。大企业纷纷向她提出合作请求，石嫣一一谢绝，她不希望这份纯粹的事业被商业同化。

相比肥水不流外人田，石嫣很乐意跟别人分享成功经验和农耕心得。她经常鼓励自己的学生投身农业，号召学有余力者为中国有机农业贡献出自己的一份力量。

2016 年 3 月 16 日，石嫣被评为全球 121 位“全球青年领袖”之一。这个“全球青年领袖”，石嫣当之无愧，实至名归。

经过十几年的事事躬亲和兢兢业业，石嫣终于将农业模式辐射至全国各地，农户因此获益，家庭收入不断增加，与客户建立起牢不可破的信任关系，形成良性循环，同时，无数中国人吃得开心、吃得放心。

谈及成功之路，石嫣淡定自若，十分坦诚。她说多年来自己始终如一，一直都在坚持最初的想法，践行 CSA 模式理想之路是一辈子的事情，这条路上有许多志同道合的人总能与自己的想法不谋而合，思维火花无意碰撞时总能收获惊喜与快乐。

张爱玲曾说出名要趁早。或许相比出名，人的一生更重要的是能够尽早确定人生的航向。

我们不能只看到石嫣身上的财富，其背后的财富密码更值得被关注。一个人的成功难以被复制，但获得成功的原理和本质是相通的。

石嫣破釜沉舟，弃众人质疑于不顾，坚持自己早已选定的农业，默默耕耘数年，终见光明。正如地上的路，只要找准方向，走得够多，哪怕杂草丛生，也能走出康庄大道。

石嫣自述，本次采访时间为 2022 年，由中国人民大学校友工作办公室负责录音整理及文字编辑。

苏卫全

|人物简介|

苏卫全，2010—2013 年就读于中国人民大学国际关系学院政治学理论专业，获硕士学位。2013 年 9 月至 2020 年 2 月，在贵阳市观山湖区金华镇工作。2018 年 5 月至 2019 年 11 月任金华镇翁井村党支部书记。

◎“三变”乡村繁花似锦

2013年，我从中国人民大学研究生毕业后考取了贵州选调生，到贵阳市观山湖区金华镇工作。因工作需要，我2018年5月调观山湖区金华镇翁井村担任党支部书记，参与脱贫攻坚工作以及村里大大小小的事情。

入村两个星期，我开展了摸底工作。翁井村的森林覆盖率约为65%，是全镇地势比较低的地方。村子离两个人口密集的城区较近，交通便利，大多数土地都是基本农田。

根据当地现实环境，我们决定发展特色精品农业和乡村旅游业，把文化作为灵魂元素，构建农文旅一体化体系。“三变”模式是指“资源变资产、资金变股金、农民变股东”，是从贵州发源的一种模式。它的核心是把农村的固定资产盘活，让农民增收致富。

现在农村中农民最大的闲置资产就是土地。很多人都到外面去打工就业，家里的土地都不怎么种植，就算种植成效也不好。我在入村之后的摸底调查，给了我探索“三变”模式的第一手资料。

在农业发展方面，要走特色精品农业这条线。我把农民带动起来，在原有的基础上主要做两件事情。第一是大力发展草莓种植。通过探索我们创办了草莓公社，动员村民们入股，他们每年都可以稳定分红。在我就任期间，草莓种植从20多亩发展到40多亩，最高销售额曾经一天达5万元，创下村里的销售纪录。第二是发展生态农场。我们充分利用当地自然优势，吸引城郊游客，让市民们体验农耕，回归田野。

以这两个项目为支点，农民们可以获得土地租金与务工的收入，同时在草莓公社中每年都可以从所持股份中分红。鉴于此，翁井村实现了产业发展与脱贫致富并进。

百里杜鹃，繁花似锦。“三变”变出了村民的幸福生活，花团锦簇的翁井村早已不是过去贫穷落后的模样。

变样后的翁井村

翁井村花团锦簇

我们积极发展乡村旅游业。从完善基础设施做起，改善村容村貌，如修缮河道、通硬化路、在各村庄路口地点做导航标志。经过系统的整改，村子的旅游业发展起来了。我们还大力发展观光田野项目。除了让市民们采摘草莓和体验生态农场，我们还开辟了一大片供人欣赏的荷花田。每到夏天的时候，山上都是绿油油的一大片。

荷花田

在经济发展的基础上，翁井村也着眼于文化、社会、生态全面发展的需求，被纳入乡村振兴示范工程，被评为全国文明村镇。

◎ 牢记自己是为人民服务的

工作中我遇到过一些困难，比如农民参与脱贫的积极性不高、发展意识不足等。发现问题后，我就寻找原因。在调查研究中，我能感受到村民对村干部缺乏信任，内部凝聚力有待提升。如何解决这些问题？

我们从走群众路线入手开展工作。我们通过建立微信群开展一些活动，把村干部、村民代表、村民积极分子联系起来，一起协商重大政策或事宜。我们开设了微信公众号，在讲好村庄故事的同时形成一种监督机制，让大家了解村里的日常工作是怎么开展的。我们还根据群众需求开展便民服务，比如汇聚多方力量修通拥堵车道、多元集资为贫困户买煤等。

我依然清晰地记得，在一个深冬时节的晚上，我亲自把煤送到贫困户的家里。他们拉着我的手亲切地说："好多年没有碰到像你这样的村干部了。"听到这句话，我十分感动，也更加坚信做农村工作要站在群众的立场上。要知道自己是为人民服务的，才能把工作做好。

村里有很多贫困户。我们首先是做好贫困户的"两不愁三保障"的落实，针对各个贫困户的情况进行精准扶贫。我们琢磨着如何创新思路，在保证生活的基础上，让大家生活得更美好。做农村工作，先要站稳立场，要知道是为谁服务的，心里要装着人民。村民们慢慢地理解了我们的工作，参与脱贫的积极性显著提高。

和村民在一起

在脱贫攻坚工作中，我有幸参与了"三变"改革的政策设计，也看到了改革的更多空间和可能性。贵州省按照国家贫困标准已经全面脱贫。在这之前，我们主要是帮扶建档立卡贫困户。现在贵州省已经转入乡村振兴的发展阶段。

贵州省转入乡村振兴发展阶段

乡村振兴是比脱贫攻坚范围更广、层级更深、内容更多的一个历史阶段。目前翁井村的返贫风险很小。但我们毫不松懈，建立了动态监测机制，密切关注贫困变化。我们努力使翁井村后续在县域经济发展的大环境下，结合生态和地理优势，继续加强村落自身的产业、组织、人才、文化、生态等各方面的建设，成为乡村振兴事业中一道美丽的风景线。

◎ 让更多的人学成归“黔”

许多贵州籍的学生怀揣着不同的梦想来到北京求学深造，但是人生地不熟，交际面比较狭窄。起初，我们只是开展小范围的聚会、交流。再次聚会时，大家决定扩大规模，创建贵州省籍研究生联谊会，构建起以“相互交流、信息分享、人才储备、形象宣传”为宗旨的研究生人才交流平台。2012 年在贵州省相关职能部门的指导下，我们初创了贵州研究生联谊会。我任贵州研究生联谊会第一届会长。通过这样一个平台，师弟师妹可以跟师兄师姐有一个沟通联谊的渠道。通过联谊会，很多人成了无话不谈的朋友，还有的人找到了人生伴侣，组建了自己的家庭，迈进了人生的新征程。更重要的是，越来越多的年轻人响应省委、省政府的号召，回到了贵州投身社会主义建设。我认为这是我在青年时代做的非常有意义的一件事情。

◎ 桃李不言满庭芳

我在 2010 年考上中国人民大学少数民族高层次骨干人才研究生。在人大的读书经历，是我人生中很难忘的时光，也很有意义。

如果说本科阶段是对人的思维和人格逐渐塑造的过程，研究生阶段则对我们的性格和品质起到了定型的作用。人大的校训是“实事求是”，对此我十分崇敬。不论是在贵州校友会还是在工作中，我都以实事求是的态度来要求自己，希望自己脚踏实地躬耕于田野，不断探索。

在脱贫攻坚的道路上，我的家庭给了我很大的支持，让我把这份工作做得更好、更踏实。我能做的就是服务更多的人民群众。我能深切感受到驻扎在脱贫攻坚一线的战友们之间的深情厚谊，祝福每一位参与脱贫攻坚的校友福顺安康！

苏卫全自述，本次采访时间为 2021 年，由中国人民大学校友工作办公室负责录音整理及文字编辑。

汤伟

|人物简介|

汤伟，2013—2017年就读于中国人民大学历史学院考古学专业，获学士学位。曾任新疆阿克苏市依干其乡人民政府科员，新疆阿克苏市依干其乡长兴社区居委会主任和党支部书记、依干其乡人民政府一级科员，新疆阿克苏市依干其乡良种尤喀克乔格塔勒村党支部书记、依干其乡人民政府四级主任科员。

◎ 挥斥方遒，同学少年俱风发

我是湖北襄阳人，出生在襄阳枣阳市琚湾镇。我家境普普通通，祖辈务农，父辈进城务工。在我 5 岁左右，父母把我带到了城里。我初中就读于诸葛亮中学，高中就读于襄阳市第三中学。我高考时发挥得还可以，考了全校第一。也就由此，我开始了与中国人民大学的情缘。

学海泛舟心有舵。很多时候，决定只在一念之间，人生轨迹却就会由此改变。于我而言，这个关键的分岔口，就是专业的选择。

实话实说，当初填报专业的时候我有些随波逐流：一方面对于专业没有特别清晰的认识，另一方面也只是单纯考虑毕业后好找工作，所以报的是经济、金融这些热门专业。可是由于分数不够，我被调剂到了历史学院。到了历史学院后，适逢学院首次成立本科考古班。我听了宣传讲座后觉得十分向往，便举手报了名。

立志者，为学之心也；为学者，立志之事也。我真正开始思考“立志”与“为学”，是在大三上学期的考古实习阶段。那是在 2015 年秋天，我去了辽宁省朝阳市喀左县实习。实习的具体内容就是做发掘和田野调查，写考古日记。我过的是大集体生活，要接触方方面面的人，除了同学、老师，还有当地的村民、当地文博系统的领导。满大山地跑，快乐与辛苦交织，都化成了记忆里铭刻的烙印。

“纸上得来终觉浅，绝知此事要躬行”，对此我深有体会。考古实习这段经历，对我的教育，从治学到为人处世，包括真正的接地气，都有很大的帮助。一方面，我虽然是农村出来的孩子，但是没干过农活，对很多的实际情况都不了解。真正到远离城市的小山村里生活三个多月，我对老百姓、对中国的乡村形成了初步的认识。

另一方面，在校园里我们基本都是在学理论，实习后才知道了什么叫作理论联系实际。对炽热的乡土、广阔的田野产生向往，其实也是进一步建立对学科的兴趣，促使我对于学术进行思考。经此一番，无论是治学理念还是工作态度，我都实现了长足学习、长足进步。

我的乡土情结根植于心，也不断在体验与感悟中发芽生长。一段特殊的经历，令我印象深刻。人大每年都会和一些部委进行合作组织调研，我当时领了一个任务——去四川省万源市做土地确权方面的调研。万源市地处山区，山多地少，老百姓生活也不是很富裕。我独自一人，作为一个外地的大学生，又操着普通话，当地人难免有戒备心理。通过不断的沟通交流，我逐渐掌握了方式方法，取得了村民的信任，最终圆满完成了调研任务。临别时，一位留守老奶奶拉着我的手说，小伙子你什么时候再回来，可以调到我们这个地方“当官”。

就是这样一句话，不经意间在我心里埋下了一颗种子。老奶奶的善良朴实深深打动了我，她觉得我关心他们的生活疾苦，所以才有了希望我过去“当官”这样一个单纯朴素的念头。回想当时，我其实是坚定了搞学术的想法，并没有考虑过要走仕途，也完全没有什么“当官”的概念。但这件事使我进一步去思考：上学的目的是什么？怎么样去做一个可能对社会有用的人？

毕业的时候，面对前路茫茫何去何从，我踌躇了很长时间。我在本科期间做了四年班长，积累了一些学生工作的经验，老师们觉得这方面可能是我的能力所长，因此给我进行了相应的指导，建议我尝试去走选调生的道路。我当时的目标很明确，如果要走这条路，就要到一个需要我的地方去成长锻炼。我要更迅速地成长起来，至少不能比同龄的同学们差得太远。考虑到我的实际，本科学历去大单位或者沿海地区，专业上不占优势，文科出身又不懂得技术，我打定主意：去新疆或者边疆地区。

“肯取势者可为人先，能谋势者必有所成。”我想，选择响应党中央和国家号召来到基层，是把握住了历史机遇、顺应了时代需要；扎根基层，守好一方土地、服务好一方人民，干实事、干出成绩，才是真正扎根在祖国西部的广袤大地上，放飞自己的青春梦想。

◎ 投身边疆，矢志笃行立芳华

大漠戈壁成为我的心之所向，始于人大。大学期间我很喜欢去蹭课，胡邓老师、冷成金教授、齐鹏飞教授等的课都去上过。对我影响最大的老师是王义桅教授。王义桅教授专讲“一带一路”。他当时就说，新疆是陆上丝绸之路的一个核心区，这个地方大有可为。通过老师的讲述，我被老师的气度折服，也对新疆产生了很大的兴趣。我当时就觉得这个地方可能需要我，以后在这边我会有很多机会去搞建设、谋发展。

我于2017年11月来到了新疆阿克苏市依干其乡。分配到这里后我先是在乡政府办公室工作，后来到了社区，又做了社区居委会主任和党支部书记。再之后，我做了村党支部书记、农经站副站长……多岗位锻炼，是对自己的磨砺提升，说到底还是为老百姓服务。如果不能直接服务，我就做一颗螺丝钉，哪里需要就放哪里。其中，摔打、考验总是难免。我觉得受到一些挫折、走了一些弯路都无所谓。

坚守边疆无疑是辛苦的。然而青年时代，选择吃苦也就选择了收获，选择奉献也就选择了担当。对于我的选择，家里人都很支持。尤其是我妈妈，她一直以来的支持让我变得很自立。但从内心深处而言，爸妈哪有不疼孩子的，他们不希望我跑这么远，而且过得这么辛苦。我曾在无意中给我妈妈讲过一件事情。我说老百姓家里有跳蚤，咬得我们浑身是疙瘩。我把图片给她看，她眼睛一下子就红了，说没想到你的生活环境那么艰苦。

“平凡的人们给我最多感动。”在基层一线，我在摸爬滚打中增长才能，也在躬身实干中学习体悟。我至今仍然对一位枣农大叔的笑容记忆犹新，那是我在长兴社区工作的时候。长兴社区那边的老百姓没赶上红枣种植的好时候。2018年，红枣市价七八元一千克；到了2019年跌到三四元；再到2020年又跌，价格已经压到了不到两元。我去一位枣农大叔那里走访，他对我很热情，见到我就露出了发自内心的笑容。但是那一年的收成很不好，价格也不高，他的那种苦是实实在在从内心里流淌出来的。明明很难受，他都想哭了，但是见到你的时候，仍然很想用他能表达善意的方式来欢迎你。他就露着不是很白、很齐的牙齿，用那样一种苦涩的笑容迎接你。从这笑容里，你能读出对于生活的无奈，也能读出坚强和乐观。那一幕对我的触动非常大。因为大叔一年到头没挣到钱，还往里搭钱，其实是亏了。家里就是一个自建的房子——周围只有一圈围墙的平房，满院堆的都是红枣。然而在那种情况下，人家还没有任何埋怨，脸上挂着那样的笑，虽然苦，但那么真诚。这种面对面的交流接触，真的让我学到了很多。普通老百姓拥有朴素而智慧的人生态度，他告诉你什么叫坚强、坚韧。

还有一位让我倍觉感动钦佩的人，是我在良种尤喀克乔格塔勒村工作时遇到的村委会主任周福国。他个子不高，17 岁从四川来疆，白手起家，从种啤酒花能手到种大棚蔬菜能手，再到“养猪大王”，数十年如一日辛勤付出。如今他还积极入了党、进了村委会工作，不图名利，就是希望带着村民共同致富，希望给儿女做个好榜样。

无论海角与天涯，大抵心安即是家。边疆遥远，理想很近；基层艰苦，理想很甜。心怀“国之大者”，从来不是一句口号，而是一种笃定的执着、一些确定的行动。

◎ 耕耘基层，且以奋斗写青春

在基层工作，既要怀抱梦想，又要脚踏实地。面对一道道难题、一根根“硬骨头”，必须沉得下心、沉得住气。正所谓“志不求易者成，事不避难者进”。在这几年的工作中，我通过自身的努力，切切实实帮老百姓解决了一些问题，自己也算取得了一点点成绩。

一件事是解决了居民用水的问题。我所在的长兴社区地处城郊，是在很多荒地上建成的。社区初建立，只有一些房子，基础设施还没有跟上，比如水也没有，电也没有，路也没有。园区企业那个时候也少见，而且不是很规范。

突然有一天，七八十个人拿着按手印的联名信找过来。大家的诉求很明确，由于阿克苏有些地方的水含碱量特别大，大家喝不了，希望社区能帮他们拉自来水。

按理说脱贫攻坚要求“两不愁三保障”，如果是行政村，肯定会有配套的项目。可我们这个地方不是一个建制村，开荒开出了社区，但性质上还属于农田。没有统一规划的项目，我们就只能自筹资金。我们附近有水源的地方，和社区的直线距离是 10 公里，计算出来项目造价是 30 万元。除了把主管道拉过来，还要逐家入户，涉及买水表、接水、交水费，都要有一个统一的标准。具体执行时，困难一个接一个：有人离管道近，有人离管道远，怎么收费合适；理论上布线考虑预算直线距离最短，可这又得穿过某些人的农地。七八十个人每家都有自己的情况，协商讨论的时候，有人说着说着就吵起来了，拍桌子，恨不得打架，有人就赌气说“我不拉了，这水我不要了”。

我当时是社区居委会主任，民生相关我来抓。拉自来水这件事，前前后后委托给了我。我就跟着一块跑，跟老百姓同吃，不分白天黑夜地去看路线、去做工作，终于把问题都解决了。通水的时候，老百姓很高兴，他们告诉我：“你真的帮我们解决了一个十几年都没有解决的问题。”还有人说得更动情，说：“汤主任，他们都说你以后提拔走了，可能也不记得我们的名字了，但是我们会永远记得你。”在农村，修路通水或者搞教育，都是百年大计，是造福一方的事情。一直到现在，还有很多人会给我打电话，向我咨询一些政策上的问题。

另一件事是完成了两块地的流转。当时我每天走在村里，就在想怎么样去增加村集体收入。想来想去，还是得靠产业发展。结合村里实际，我觉得建现代化的温室是个最好的选择，可以吸引游客参观玻璃温室，同时能产生收益。

想要建温室，得有地。村里本身可用的地不多，我们就计划把周边老百姓承包的土地收回来。我们一家一家去谈赔偿，谈了一个月，最后谈下来了 105 亩。这些土地我们拿来做花卉种植。阿克苏因为气候的原因，很多花自己培育不出来，只能引进。我们这块地的建设目标，就是成为城郊最大的花卉培育基地。我们引进这一主导产业，带动整个村的产业进行升级转型，进而带动就业。我要和企业老板谈，去农业农村局等报备，和区里、乡里领导沟通……种种烦琐与艰辛下，我终于把这个事情谈了下来，成功地把合同也签了。

另一块地有将近 170 亩，涉及 70 家农户。那块地不种的话扔在那里可惜，种的话一年也就收入两三千元，所以当时老百姓主动申请希望将它流转出来。因为这块地不是村集体的，我们就把他们召集到一起开会，前前后后开了四五回，然后建温室，温室的租赁权属于村委会。对于这块地我们的规划是做成城郊观光农业基地。温室里种特色蔬果，再把农家乐发展起来，吃喝玩乐一条龙。经过几个月的努力，这块地也谈成了。

在村里完成了两大块土地的流转，也给村集体包括整个村子的面貌带来了永久性的变化，这是让我引以为豪的事情。那时候在村里面我有想法、有干劲，也能干成事，村“两委”也特别愿意跟我干，大家心往一处想、劲往一处使。我想，这就是真真切切的“接地气、长才气”吧。

◎ 任重道远，策马扬鞭正当时

艰难困苦，玉汝于成。这几年在基层工作的经历，令我受益匪浅。越是在条件艰苦、情况复杂的基层摔打淬火，越能够迅速成长起来、快速脱颖而出。经过这几年的磨炼，我的能力素质有了显著的提升，心理也更加强大，遇事更有底气和自信。紧贴群众、紧贴生活，让我对群众的感情越发深厚，也越发在共情中自觉担当责任，想力所能及多做事、做实事、做好事。

一直以来，我的座右铭就是“自力更生，艰苦奋斗”。世界上没有救世主，只有自己奋发图强。在新疆工作的这段时间，我更体会到了“使命”的意义。在北京的时候，我只是学生，只是代表自己。而来到新疆，我的身上多了光荣的使命。向下扎根、向上生长，用脚步丈量祖国大地，用耳朵倾听群众需求，用身子挑起时代重任。我们这一代人做了我们该做的事情，我们的下一代人才可以做他们想做的事情。

人大求学四年，对我的影响历久弥新。人大是 1937 年在战火中诞生的，我们学校有着光荣的传统，传承的是革命文化和红色基因。学校的人文关怀和人本思想，潜移默化地影响着我们，时刻告诉我们什么叫“国民表率、社会栋梁”。

2022 年 4 月 25 日，习近平总书记去人大考察，他强调了“党办的大学让党放心、人民的大学不负人民”。我听后倍感自豪。人大给予的教育，包括专业知识和素质修养。就学期间魏坚老师、吕学明老师的言传身教，他们深厚的实践素养与底气和自信，都令我印象深刻。人大的教育也包括潜移默化的文化熏陶。理想主义精神，让我不断去寻找英雄榜样并自觉学习。

我们当时一起来新疆的学生，真的都把自己当作新时代的支边青年，富有理想，不为私利，不是为了来出风头，更不是为了“当官”，而是脚踏实地地干，重实际、察实情、办实事，集民智、解民忧、暖民心。作为人大的学生，我必将努力践行“立学为民、治学报国”的人大精神，争做奋进在新时代前列的“复兴栋梁、强国先锋”。我希望学弟学妹们胸怀理想、脚踏实地，艰苦奋斗、成长成才；祝愿母校越来越好，走好建设中国特色、世界一流大学新路！

汤伟自述，本次采访时间为 2022 年 8 月，由中国人民大学校友工作办公室负责录音整理及文字编辑。

采写 / 李宣谊　晋于惠

王宝龙

|人物简介|

王宝龙，男，山东曹县人，回族。1999—2003年就读于中国人民大学劳动人事学院。中国民航信息集团有限公司中国民航信息网络股份有限公司华东研发中心筹建负责人。2014年3月至2019年1月，作为中国民航信息集团有限公司第一任扶贫挂职干部，被派往山西省神池县任县委常委、副县长，承担定点扶贫工作。2021年，荣获“全国脱贫攻坚先进个人”。

◎ 励学励能，笃志笃行

我的老家在山东曹县，就是现在知名度很高的那个曹县。我家在农村，确实比较不富裕。出于生计考虑，我父母远上东北做买卖，到了黑龙江省双鸭山市集贤县。买卖不大，性质上算是个体户。我和大我两岁的哥哥，也就这样跟随父母到了东北。

我是在东北上学长大的。对于寒冷的印象、手被冻伤后的疼痛感，在成长记忆中刻上了很深的烙印。那时候没有统一供暖，到了冬天，东北的学校都要自己生火，都是学生到校之后在教室里面生炉子。清晨寒风凛凛，我们裹得严严实实赶到学校，教室里冰冷。炉火点燃，我们才渐渐暖和起来。

与人大结缘，是适逢其会，也是心之所向。我是 1996 年 9 月上的高中，转过年来，1997 年 2 月，邓小平去世。我看了很多相关介绍，也读了《邓小平传》，印象最深的就是——“我是中国人民的儿子”，话语简单却饱含深情。我们的物理老师也令我受益良多。他上课的时候经常建议我们多读一些书，如历史类的或其他方面的。他自己有不少书，让我们去他那里看，也借给我们带回去读。我当时就借了一本老师刚看完的《周恩来传》。再加上时值香港回归，身处历史大事件中，心情也随之激荡。我高中是学理科的，但通过阅读与体悟，我觉得自己对人文领域更感兴趣，探索历史的发展与社会的变化更吸引我。所以，在考大学的时候，我选择了身为人文学科强校的人大。

1999 年至 2003 年，我就读于人大劳动人事学院。我的班主任是仇雨临老师，让我印象深刻的还有孙树菡教授和郑功成教授，他们都为我们授过课，讲社会保障方面的内容。老师们的谆谆教诲，至今铭记于心。除了教室里的勤学苦读，我也有过不少走入社会的经历。大学期间我参加过学校组织的“三下乡”活动，还去过河北西柏坡进行社会实践。学习，应该做到知行合一。

“志不立，天下无可成之事”，我深以为然。志向、目标对个人的成长引领都很重要。高中毕业时，学校组织几名学生代表给新高三年级的学生做了一次发言，考上人大的我也在其列。我当时说了自己的一个人生目标，就是成为一个市长。当时正值宣传福建省三明市的先进经验，看到鲜活的案例，我深受触动，由此就希望自己能当一个市长，通过自己的努力，把一个城市各方面都治理好、建设好。

时移势易，我个人的志向却始终坚定，就是希望成为一个组织或一个单位或一个地方的带头人，把自己的奋勉勤力投射到井井有条的安排、欣欣向荣的发展中。2013 年，我所在的单位中国民航信息集团有限公司公开选拔扶贫挂职干部。那时，我的孩子刚刚出生几个月。但我考虑再三，觉得扶贫这项事业和我的夙愿比较吻合，自己确实想参与，去看看是否能帮上忙、出点力。和家人商定之后，我报了名。经过后续的内部选拔，我如愿以偿，成为中国民航信息集团有限公司第一任扶贫挂职干部，被派往山西省神池县任县委常委、副县长，承担定点扶贫工作。

从城市到乡村，从互联网企业到田间地头，一抹担当奉献的情愫萦怀，晕开的是一串串留在沟梁山峁的脚印和一个个挥洒热血的春秋冬夏。

◎ 年华不负，劳生不悔

2014 年 3 月，春寒料峭，我踏入了黄土高原。

神池是一个农业县。历经千年沧桑的土地，养活了当地人，也“拴住”了当地人。由于土地贫瘠、气候干旱冷凉，神池只能种植产量低的耐旱耐寒作物，农民收成一直不高；自然灾害时有发生，收成也不稳定。这些客观条件，决定了神池这块土地承载人口的能力很弱。再加上资源稀少、区位偏僻，改革开放的浪潮也没能在这里漾起大波澜。这些因素共同导致了当时摆在面前的窘困：神池，是全省 36 个国定贫困县之一，也是全省 21 个集中连片特困地区之一，贫困人口占比大，贫困程度深，返贫率高。

初到神池，确实陌生，这里比想象中的还要落后一些。从我在神池能直接看到的城镇面貌看，神池的发展至少落后东部地区 20 年。作为一个 21 世纪的县城，神池只有一幢高于 6 层的大楼，有两家类似京客隆的超市，全县的街道上仅有 4 处红绿灯。全县还没有一家星级酒店，没有电影院，没有图书馆，曾经有的工商银行网点后来也撤走了——这些，在我东北老家（也是县城），20 年前就有了。

县城仅有的两所初中没有操场。电视信号还不能做到全县覆盖；开通了广播，但节目内容不多；网络通信设施发展也很缓慢，农村上网还很困难，在一些偏僻的乡村，手机要挂在房门外边才能有信号。

没有调查就没有发言权。想要帮助神池脱贫致富，踏踏实实的考察调研是第一步。我刚去的时候，花了大量的时间熟悉、了解情况。我们公司的党委书记对扶贫的事情看得很重，他之前也去神池考察过。在我赴任前，他就跟我做了交代，让我深入调研，摸清神池到底贫困不贫困、到底为什么贫困，我们能从哪些地方进行帮扶。

“耳闻之不如目见之，目见之不如足践之。”在我大半年的调研中，可以说“耳闻”“目见”“足践”都做到了，先是看县志和其他材料，之后就是走出去。我去了 50 多个贫困村和 40 多个企业、单位进行调查摸底，和不同的人充分交流，其中有县里的干部、村里和乡镇的干部、当地学校的老师、村民，还有在山西挂职的其他单位的同事。通过调研，系统、详细的帮扶方案在脑海中慢慢成形。

“两不愁三保障”是脱贫攻坚最基本的任务，“吃水难”是神池老百姓脱贫致富路上的最大短板。当时有的村子没有水，村民要到别的村去买了水拉回来，存在自己家一个像浴缸那样的池子里。就这些水，村民要吃很多天，既不卫生，也不稳定，算下来还不便宜。

我们当时就设定目标，努力做到村村都能有自己的水井。可神池这个地方，打一口井的成本太高了。因为水位下降很大，别的地方也许打个三四十米就可以了，在神池可能 100 米下去还不见得能打出水来。

在走访了 20 多个饮水困难村的基础上，我协调相关单位部门制定了可行性措施，整合各类扶贫资金，集中解决了几十个村子的吃水问题。到了 2017 年左右，我终于把全县吃水的问题彻底解决了。

所谓“扶贫必扶智”，因为智是内因、是动力，孩子们只有通过知识走出贫困的家乡，才有可能进一步帮助家乡摆脱贫困。可学费成为很多孩子追梦路上的阻碍。县里面，越是贫困的家庭，孩子往往学习越刻苦。受基础教育薄弱的影响，能考上一本的孩子不多，摆在面前的选择很多是上三本或大专。孩子们都倾向于能上本科就上本科，然而三本的学费比大专高出很多，对于贫困家庭是一个不小的负担。基于此，我们设立了助学金。每年凡是考上大学的贫困生，我们都资助学费。其间，我也和教育部门以及老师、学生、乡镇干部、学生家长进行过很多次座谈沟通，组织制定了具体的奖励资助办法，并根据几年来政策变化和实际情况不断加以修订完善。

帮扶神池，从陌生到融入，俨然我也成了一名神池人。看到微信上夸奖神池的帖子我自然要点个“赞”，然后自豪地在朋友圈里转。挂职扶贫，既是在磨砺锻炼中成长前行，也是在心心相印中建立起深情厚谊。

◎ 先难后获，先事后得

“身入神池志帮穷，遍访城乡问计从。高寒冷凉是独特，众微联网传美名。”这是我在挂职一年时写的一首小诗，既是体会，也是思考。我当时就觉得，神池这片看起来沟壑纵横的土地，内里其实大有希望。

神池高寒冷凉，种植主食作物，几乎绝收，但种植杂粮和特色油料作物，却品质优良，有着独特的市场价值。神池有六种农产品获得国家地理标志保护认证。

古人说："有一定之略，然后有一定之功。"如何依托神池农产品的独特优势？如何利用公司的科技力量和信息优势？如何将这些结合起来，发动神池绿色发展的引擎？我想了很多，这些问题也一路牵引着我进行探索尝试和实践创新。

酒香也怕巷子深。贫困县本身距离发达地区比较远，产品不好卖，但是有了互联网就破解了这个难题。那时网购还远远没有现在普及，互联网思维对于绝大多数农村老百姓来说还属于"天方夜谭"。直到2015年，电商大举进驻农村，有人靠开网店卖神池月饼挣了钱，老百姓才真正开始意识到"网上"可以卖东西，甚至可以卖个好价钱。

就是在那一年，我利用互联网，当了一回"代言人"。我们几个在山西的挂职干部，经过互相交流商量，觉得可以利用自己这个"特殊身份"，好好宣传一下山西的农产品。于是，2015年我们一起做了五县长联合推荐吕梁山农产品活动，利用淘宝平台，为特色农产品做现场代言。当时宣传效果很不错，也有不少媒体予以报道。

然而新的问题又接踵而至。农产品的知名度提高了，销售上却遇到了实打实的困难。农产品不像工业品加工，有质量管控的标准，能确保稳定的产出。农产品本身就不稳定，有时产品质量不一定好，有时卖相不一定好，再加上贫困地区的东西卖出去，综合考虑运输条件、包装条件，本身成本又不低。

穷则思变，我们又开拓了新的路径。2016年，我牵头12家中央驻晋帮扶单位的挂职干部，发起了"品味吕梁太行，县长携手代言"扶贫推介系列活动，主要面向中央单位和职工群体，通过网上众筹和走进中央单位现场推介的形式，呼吁大家通过关注、传播、消费等方式，帮助贫困者有尊严地脱贫。我还记得在大学时，老师讲授社会工作相关知识时提到，无偿的捐赠其实并不是最好的帮扶方法。应该让他们能够通过自己的劳动来换取收入，通过交换的形式得以生存，这比无偿的捐赠要好得多。这种帮扶更可持续，也是比较能促进良性循环的一种状态。

线下，我们在中国民航信息集团有限公司、北京理工大学等举办了21场巡展。线上，我们成立了吕梁山货扶贫商城。就像一个联盟一样，在这个商城人们可以买到各个县的农产品。这个名字说起来还有一段故事。山西西面是吕梁山、东面是太行山，最开始是西面的几个县长一起卖，所以取了这个名字。后来我们又联合了东面几个县的县长。再后来我们在国务院扶贫办、国务院国资委的指导下，把山西的其他几个县也联合起来，一点点做大做强。

现在直播带货已经很流行了，我们那个时候还没有这样好的形式，只能是自己主动去摸索，尽量创造。个中滋味，甘苦自知。好在付出确实也获得了认可。通过消费扶贫活动的探索和实践，山西省在全国率先推出消费扶贫举措和推广方案。继而，国务院扶贫办也将消费扶贫作为一项重要帮扶举措纳入定点扶贫的考核任务当中。

◎ 善始善终，善作善成

岁月不居，时节如流，转眼来到2017年。本来我的扶贫挂职期是三年，2017年正是到期的年份。可当时，各方面正处于起步上升的阶段，我自己希望一鼓作气，于是申请延期一段时间。我跟单位和县里商量，大家也都觉得换新的同志来没有经验，恐怕很多工作做不好。就这样，我留在了神池，继续完成脱贫攻坚任务。“伟大的事业，最困难的路往往在最后一程。”我的决心，就是坚守在这“最后一程”。

脱贫攻坚有明确的标准，也有具体的任务。“两不愁三保障”，落实为很多细致的考核项。比如每个村子里面有没有危房；每个人的收入是不是都有保障；如果有因病致贫的，医疗措施是不是到位；每一个在义务教育阶段的孩子，是不是都在上学的状态……对于这些考核项，每一个贫困户都必须落实到位。我们当时有信息化手段辅助，就是建立了一个脱贫攻坚信息统计系统，建档立卡贫困户里每个人的资料和信息都要填报到系统当中。到了脱贫攻坚的验收阶段，采取抽样的办法，即每个乡镇都要抽取几个村子去走访调研这些信息。如果调研发现有一个不合格，可能就要按抽样比例去推算，最终会影响到整个县的评定结果。

按照县级领导包乡制度，我负责的是烈堡乡。2018 年，我们不断往返在去乡镇的路上，到每个村子去检查这些举措是不是到位，去督促大家把这些工作做好。如果有难题，那就及时找出办法，把它解决。

现在回想当时的心情，真的感觉像是上战场一样，忐忑不安。我跟自己说，我是一个中央单位定点帮扶干部，如果我包的乡镇出问题了，不仅是给乡镇丢人，也是给单位丢人。“图难于其易，为大于其细”，我能做的就是一个村一个村去仔细检查、认真排查。

刚开始的时候，有一些村干部工作不细致不认真，带给我的卡上面填的资料有问题。我一看就知道有问题，就指出来让他们修改。那一段时间我确实很动情，家里孩子生病了也照顾不过来，一心都扑到了工作上。对于不认真的同志，我一方面批评教育了他们，另一方面也尝试用感情打动他们。我跟他们说，我是到县里来帮扶的，来帮助大家做脱贫攻坚的工作，而你们作为自己家乡的干部，如果你们不负责不认真、不把这个事情做好，对得起谁？你们自己的家乡你们都不热爱，还能指望谁来热爱？当时也是把干部说哭了。

走过这崎岖的扶贫之路，一脸风霜，满身泥土。2018 年，神池终于摘掉了贫困这顶沉重的帽子。

最终我离开神池，是在 2019 年。16 本厚厚的工作笔记，承载了我的苦干实干。我把各项扶贫工作都认真细致地交接给了接任的同志。我觉得这就像一场长跑，我跑完了第一棒，希望能把接力棒稳稳地交下去，让后面的同志拿得牢、跑得快。用一句话概括就是：扶贫工作者换岗了，但扶贫工作不能换挡。

2021 年 2 月 25 日，是一个值得铭记的日子。在人民大会堂参加全国脱贫攻坚总结表彰大会，我心潮澎湃、激动不已。习近平总书记在一开始就说了“三个伟大光荣”——是中国人民的伟大光荣，是中国共产党的伟大光荣，是中华民族的伟大光荣！直到现在说起来，我还免不了有点哽咽。自己能身体力行参与到这样的伟大事业中，确实也觉得光荣。

几年帮扶时光，情怀与使命汇聚，奋斗与奉献融会，难忘与不舍交织。荣获“全国脱贫攻坚先进个人”，源于我个人的付出和拼搏，更源于单位下的功夫、做的努力。我只是冲到了前线，我的背后有着巨大的支持。脱贫攻坚战取得全面胜利，是全国人民一起齐心协力完成的。在脱贫攻坚战中，我只是做了自己该做的一些事情。

◎ 学以致用，行以致远

处在脱贫攻坚一线，我尽己所能，不负韶华，方方面面也都获得了很大的收获。

以前不论是在学校上学还是在单位工作，很多事情大多停留于案头，可能就是通过表格或者文章的形式进行。写个举措、计划、安排，可能就把工作分配下去了。等最后把数字拿回来，写一个总结，工作也就完成了。但是通过到县里面工作，我确实感受到在基层就是要真真正正沉下心、扑下身，脚踏实地去了解、去研究。比如当时有个公车改革发补贴政策，在县里面我们发现，可能县里的干部要下乡也没有那么多车辆可用。相当于上面制定的政策，拿到下面没办法落实。所以，要想把基层的工作做好，就决不能“纸上谈兵”。

老百姓是朴实的，但是老百姓也有自己的算盘。对于他在乎的利益，那就是天大的事，他肯定是想尽办法去维护。在实际工作中，难免就会出现矛盾。我觉得处理问题的关键，在于耐心细致。对于很多实际的问题，如果我们的干部都能够耐心细致地去跟老百姓交流，去听他的要求，给他讲明白政策，可能会取得更好的结果。如果太冷漠，就不利于解决问题。很多时候，友好的沟通就是“制胜法宝”。

总之，我觉得这段经历是人生的一个坐标。有了这段经历，我更清楚地知道什么叫实事求是、如何尊重事实，知道什么是群众、如何尊重群众。

纸上得来终觉浅，绝知此事要躬行。这段经历也让我对当年母校给予的教诲有了新的认识和感悟。有两点启示，真的令我受益匪浅。

第一是心态。讲授人力资源相关知识的时候，老师提到了要让员工获得成长和发展。在工作设计和工作管理上，如果员工工作了三年左右，上级就要考虑给他轮换其他的工作内容，而不能长时间让他做同一种工作。工作上的调整或是晋升带来的新鲜感，能激发一个人的工作热情。

我自己就是如此。扶贫对我来说是一个全新的领域，投入这项工作，我自己确实满怀热情。参加培训去学习、深入走访去调研，看理论、找思路，我想去做这项工作的自我驱动力很强，所以，哪怕是工作中面临很多困难、需要花费很大力气，我自己也觉得做这件事很值得。

第二是方法。感谢劳动人事学院教会了我人力资源管理的方法。比如，我们强调绩效考核，强调任务分解，强调责任共担，通过适当的考核办法，引导人员的力量凝聚起来，推动完成工作目标。

比如最后那一年去乡里面督促落实脱贫攻坚任务的时候，我一去就和我们另外一个副县长商量，要先给乡里面层层干部明确目标。书记、乡长要做什么，副乡长、村支书、村里的其他干部、队员、第一书记等要做什么，每个人身上都要有目标、有责任，谁都不能脱离于扶贫工作之外。别人干，有人好像事不关己在旁边站着看，这样的情况是绝不允许的。把责任都明确到每一个人身上，一旦出了问题，谁是相应的第一责任人，谁就要站出来负责。之前局面一度很混乱，很多人头上没有责任，结果就是这一个村里面有什么事情都去找村支书或者第一书记。

我去抓这个事情的时候，就把分到我身上的任务再往下分到每一个人身上。只有大家都参与进来，行动起来，才能真正做好工作。

回顾一路走来的历程，我很感谢母校对我的培养。我学习到的这些知识，真的是为我的个人成长奠定了基础。学术素养的建立，让我明白了怎样看问题才能看得更全面、更深刻。不论是我所学的管理类，还是法律类、新闻类、社会类、经济类等，人大培养学生的方向都很适合我们中国的国情需要。

对于学弟学妹们，我也提两点希望。一是希望大家认真学习。学好知识，肯定对未来走向工作岗位是有帮助的。而且人大有这么多国内一流的教授和专家，大家别错过这样的机会，一定要珍惜学校的时光。二是希望大家都努力奋斗、不负使命。作为国内一流大学的学生，我们就要表现出一流大学学生的样子，真正成为“国民表率、社会栋梁”。

王宝龙自述，本次采访时间为2022年11月，由中国人民大学校友工作办公室负责录音整理及文字编辑。

文 / 李宣谊

王立

|人物简介|

王立，1999—2002 年就读于中国人民大学，获硕士学位。任中信银行股份有限公司董事会办公室投资者关系管理处助理经济师，2019 年 6 月派驻到西南边陲的云南省屏边苗族自治县挂职副县长。

◎ 沉下心扎下根，转变角色促攻坚

炎炎夏日，王立从首都北京远道而来，第一次踏上苗乡屏边的土地时，正值脱贫攻坚进入决战决胜的关键时期。他下决心，咬紧牙关，攻坚拔寨，啃下最难啃的硬骨头。

一到岗，浓厚的战斗氛围立即感染了他，使他体会到上前线的感觉。作为中信派驻屏边第 8 任挂职副县长，他接过中央定点帮扶的接力棒，一头扎进精准扶贫、精准脱贫的伟大战役，努力冲刺屏边脱贫摘帽“最后一公里”，迎来了脱贫攻坚的最终胜利。

1999 年，王立慕名到中国人民大学攻读硕士研究生。在校期间，他跟随导师深入学习研究专业知识，广泛参加名师讲座、学术交流，丰富自己的知识体系。他还挤出时间加入校研会从事外联工作，在没有任何关系的情况下凭借初生牛犊不怕虎的劲头，成功邀请到王石等知名企业家和姜昆等艺术家来人大进行校园演讲，取得了良好的活动效果，获得老师、同学的肯定。

转眼三年过去，王立毕业后于 2002 年 8 月应聘到中信，在支行、总行不同岗位历练，参与中信股改上市后留在董事会办公室工作。一路走来，工作算得上顺风顺水。然而，静下来的时候，他觉得人生需要更丰富的阅历。只有经历接地气的磨炼，才能不负遇上实现中国梦的新时代。

当中信选派扶贫干部时，他毫不犹豫积极提出了申请。过去在银行坐办公室，满脑子都是“股权融资”“可转换证券”等金融术语。离开了北京得心应手的工作，他来到人地生疏的边远山区贫困县屏边。面对自己不熟悉的扶贫工作，他感到有些迷茫，不知道具体工作该往哪里抓、力气该往哪里使。

我能不能当好地方官？王立告诉自己：能。接下来几个月，他钻进了档案室，找来中信历年的扶贫档案，研究屏边县的县情、乡情、村情、民情以及中央单位帮扶情况。为了能够掌握政策，他积极参加县里组织的各种会议、培训，认真学习相关文件精神。

渐渐地，“两不愁三保障”“五个一批”“六个精准”“三率一度”“脱贫摘帽”等扶贫领域的新名词从陌生到熟悉，入脑入心。生活方面刚刚安顿好，他就马不停蹄地跑乡镇、跑村里，和群众拉家常、交朋友，向村干部、村民小组组长学习，跟驻村扶贫工作队队员深入交流，还与在屏边的上海徐汇区扶贫干部交流项目管理、方案制定等工作经验……有了对政策的理解和把握，有了对现状的了解和认识，有了工作的方向和方法，他感觉心中有底了。

◎ 动真情扶真贫，推动项目助脱贫

屏边县是一个国家级贫困县。中信自 1992 年起定点帮扶屏边以来，投入帮扶资金上亿元，实施定点扶贫项目数百个，还选派挂职副县长和驻村第一书记到屏边开展帮扶工作。

一年又一年，一棒接一棒，中信人助力屏边在产业发展、基础设施建设、教育事业等方面发生翻天覆地的变化。中信对屏边实施定点帮扶，体现了党中央对贫困地区的关心与支持。作为一名挂职干部，王立在屏边和中信之间起着桥梁纽带的作用，同时，也担负着将中信帮扶项目实施落地，使项目发挥效益的重任。

白云乡马马村属于深度贫困村。其中六子箐、扎门、毛木树等自然村地处山崖下、河岸边，雨季地质灾害频发，村里的老旧房子大多墙体剥落，时常漏雨，存在很大安全隐患。

“我家住在山脚的河边，每逢下大雨，公路两边的雨水就会冲到房子的后山墙，有时候还会有石头从山上滚下来，晚上我们连觉都不敢睡。”说起居住条件，当地群众迫切希望能够搬迁到安全的地方，住上放心房。

为解决当地群众的住房安全问题，2019 年，中信投入资金 300

万元，实施白云乡马马村委会六子箐、扎门村避险搬迁项目。王立到屏边后，第一站就到白云乡了解项目推进情况。从屏边县城到马马村委会来回需要 5 个多小时，山高路远，一路颠簸，使他感受到了扶贫工作的艰辛与不易，但是他没有因此而退缩。

他深知，住房安全有保障是“两不愁三保障”的硬指标，如果住房不达标，脱贫摘帽就是一句空话。他紧盯进度，多次到项目点现场查看、督促，积极协调解决项目推进中出现的各种问题。

通过多方努力，2019 年 10 月 5 日，33 栋身披橘黄色外衣的苗式搬迁房全部完成建设。一个崭新的村庄——青佑村诞生了！农户从墙裂椽朽的土坯房，搬进宽敞明亮的小楼房；从滚石滑坡的崖子脚，搬到地势开阔的好地方。33 户农户搬进新家园，住进了新房，过上了以前从来没有想过的好日子。

看着一排排崭新的房屋，看着一张张群众的笑脸，王立感觉一切付出都有了价值。亲身参与其中，他对于脱贫攻坚有了更真切、更深刻的体会和认识。

“既然来了，就要尽自己最大的努力把工作干好。”在苗乡的热土上，王立将自己融入千千万万扶贫干部的大军，融入自己所担负的责任和使命中。为了做好产业扶贫，他亲自到田间地头调研学习，硬生生从一个金融精英变成了半个“种植专家”；在教育扶贫中，他关心关注困难学生，积极争取中信奖学金、助学金及社会捐助，帮助孩子们安心求学，实现梦想。他用自己的眼界和思考为屏边的脱贫添砖加瓦，他用自己的真情赢得了当地干部、群众的好口碑。

◎ 探新路创新业，不负时代勇担当

思维超前，敢于第一个吃螃蟹，勇于打破常规开拓创新，这是王立带给屏边人的鲜明印象。到屏边挂职后，他将先进理念和开放思维运用到工作中，结合屏边县脱贫攻坚实际，积极组建植保无人机专业合作社，亲自上阵直播带货促进消费扶贫，帮扶工作开展得有声有色。

屏边是一个农业大县，在脱贫攻坚期间，通过实施“十百千”工程发展荔枝、猕猴桃、枇杷等特色产业，实现了村村有林木、户户有果树的目标。

“促进大家的技能提升、理念提升，才能让扶贫发挥持久的作用。”王立在一次中信内部协同交流中了解到极目植保无人机的功能后，萌生了一个大胆的想法：能不能将植保无人机引入屏边，将科技创新的成果与产业帮扶有效地结合起来，为屏边发展特色种植业提供现代农业服务呢？

说干就干，他组织县里的相关部门，从产权管理、运营模式、技术适用性、市场规模、飞行监管、税费等多方面研讨项目方案，并形成向中信提交的书面建议报告。他运用自己的专业知识，认真分析植保无人机的投入产出；他事无巨细，为植保无人机合作社选址、选人，落实飞手、开展培训、建立规章制度……

“这是一个新事物，在这个过程中遇到了不少的困难，但是如果不去做，怎么知道行还是不行呢？”功夫不负有心人。2020 年，由中信帮扶资金支持的农业产业植保无人机应用示范项目——屏边鸿飞植保无人机专业合作社成立。

采取“政府 + 村集体 + 服务站 + 合作社 + 公司”模式，通过科技扶贫助力发展特色产业，王立用智慧和汗水，一步一个脚印地闯出了一条壮大村集体经济、带动农民就业的帮扶新路。

2020 年，全国上下处于疫情防控关键阶段。为破解疫情防控期间农副产品销售瓶颈，借助电商直播平台宣传推介屏边县的资源和商品，王立大胆尝试，走进网络直播间直播带货。直播现场，他身着白衬衫，外套苗族坎肩，搭配苗绣领带，面带高原红，说着一口标准流利的普通话，将屏边特色产品推荐给广大消费者，并借机大力宣传屏边、推介屏边，带火了屏边特产，打响了屏边品牌。

他深入开展调研，了解统计屏边特色产品的产量、价格、品质等信息，筛选屏边具有竞争力的产品，及时与中信总部和相关子公司协调对接，通过中信平台开展消费扶贫。2020 年，中信下属子公司及员工积极购买屏边农特产品，帮助销售屏边农特产品，拓宽了中信帮扶的新路子，用消费扶贫有力促进了脱贫攻坚。

◎ 洒汗水献真情，脱贫战场写初心

王立身在屏边，心系群众，百姓的生产生活始终牵动着他的心。2019 年年末，疫情暴发后，王立及时报告，落实中信捐助屏边县 20 万元采购医疗和防护设备项目，给予了雪中送炭般的支持。屏边县疫情防控指挥部发出感谢信，由衷表达对中信的感谢。

2020 年 3 月至 4 月，屏边县多次遭遇罕见强冰雹灾害，房屋、粮食作物和经济作物不同程度受灾，为全县如期、高质量脱贫带来巨大挑战。灾情发生后，王立第一时间赶赴受灾现场勘查，将前方灾情及时报告给中信。中信急事快办，专项安排救灾资金，使玉屏、新现、白河等受灾严重的地区得到及时救助，确保了群众的住房安全，确保了屏边县第三方考评全部顺利通过。

王立持续关注党建工作开展情况，以实际行动积极实践党建扶贫双推进。针对县里安排挂包的玉屏镇大份子、平田、半坡 3 个村委会，他不定期进行走访，深入了解和掌握脱贫攻坚及基层党建等各项工作情况。他挂钩联系的党支部，原先是一个软弱涣散党组织。他多次到村里把脉问诊，规范了支部“三会一课”制度，增强了支委凝聚力，夯实了村民小组的基层治理基础。他还积极开展党支部结对共建活动。

自从挂职屏边，每一天他都记录了简要的工作日志。在这份 48 页的记录中，“身体不适，医院看病”出现了好几次。到屏边后，由于水土、气候、饮食方面的差异，加之劳累过度，经常受急性肠胃炎、心脏不适等病痛困扰，他咬牙坚持着。曾经历父亲重病无法回家照料的痛苦，他默默地承受着。酷暑艳阳、寒冬雨雾，从未能阻挡他奔走在苗乡的扶贫路上。他全身心融入，把时间和精力全部投入屏边脱贫攻坚战场。他的朋友圈中多了很多当地的干部、群众。

他说：“我亲身经历了脱贫攻坚的最后时刻，迎来了最终胜利，

充当了屏边脱贫‘摘帽人’。我为此深感荣幸。这段扶贫的经历是自己人生的一部分，有助于自己的成长，有助于人生的丰富和圆满。”

王立自述，本次采访时间为2020年，由中国人民大学校友工作办公室负责录音整理及文字编辑。

韦林周

|人物简介|

韦林周，2004—2008年就读于中国人民大学法学院，获学士学位。广西壮族自治区河池市都安县委常委、副县长（挂职），广西驻村工作队都安县工作队队长。

我出生在广西壮族自治区河池市。河池市是著名的革命老区，是少数民族地区，也是壮族歌仙刘三姐的故乡，有着世界长寿之乡巴马、刘三姐故里宜州、全国唯一一个仫佬族自治县罗城、全国有色金属之乡南丹等独具魅力的县（区）。我自己如今也是一名少数民族干部。

我成长在一个普通的干部家庭，父母都是公职人员，从小就受到家里的熏陶，父母教育我要做一个踏实担当、讲原则的人。可能严格的家庭习惯潜移默化地培养了我自己的习惯，直到今天，我参加工作这么多年，我的办公室一向都是非常整齐的，每一样东西该摆在哪里，哪些跟哪些归类，都会有不同的次序排列。

我的读书经历和绝大多数人一样——小学、初中、高中逐级学习。唯一不同的是，我的童年学习生涯一直随着父母工作的变动不断更换就读地点，所以我接触不同地方的生活方式比较多，认识的同学、朋友也比较多，这使我养成了乐观外向、与人为善的性格。

2004 年高考，我以全市文科第二名的成绩考取中国人民大学法学院，从此与人大结缘。在人大本科四年的学习生涯中，我深深感受到人大是一个精英荟萃、能人辈出的地方。至今，我常常怀念在图书馆奋发读书、在明德楼教室“刷夜”复习、在篮球场挥汗如雨的日子。

最难忘的事有很多：第一次代表学校参加首都庆祝学生军训 20 周年大会，第一次代表学院参加五四舞蹈比赛并拿了第一名，第一次参加学校的话剧公演，等等。如果只能选一个，那就是 2005 年 10 月 16 日参加了首都庆祝学生军训 20 周年大会。时任中共中央政治局委员、中央军委副主席、国务委员兼国防部部长曹刚川上将出席了大会并发表重要讲话，时任中国人民大学党委书记程天权应邀在贵宾席就座。曹刚川上将检阅了学生军训方队，并观看了军事科目汇报表演。我作为仪仗队的一员，与其他人大学生一同身穿人民海军军装，与北京大学、清华大学等学校组成的军训表演方队，以严整的军容、整齐的动作接受了检阅。为了准备这次检阅，我们停课训练了两个多月，第一次体验了军营生活，也培养了自己的自理能力，学会了遵守纪律和自律，收获了荣誉。那么多年过去，我还保存着当年的纪念证书。

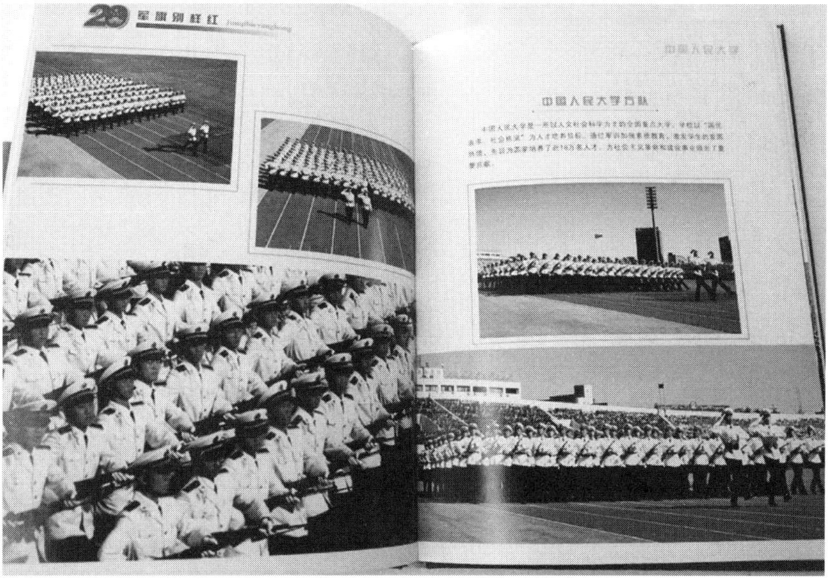

中国人民大学方队

印象最深的老师是我的班主任李奋飞教授。当时他作为法学院2004级本科2班的班主任，同时也是我们的行政诉讼法老师，对我们的学习和生活都很关心。时至今日，我还保持和老师的联系，愿他身体健康，有机会常到广西走走。

在人大的学习和生活中，我感觉这个平台非常好，可能我除了学习之外，在文化、体育、兴趣爱好等方面也都发展得相对比较均衡。在人大求学，我不仅收获了知识，同时也得到了学校的培养。成为一名学生干部参与到很多学生活动当中，培养了我的表达能力、组织能力、应急协调能力，也深深影响了我的职业规划。选择到基层，选择成为一名基层公务员，可能也是我个人践行“国民表率、社会栋梁”的一种方式。

人大对我的影响是潜移默化的，我觉得主要有两个方面。第一个方面就是思维锻炼。因为法学比较讲逻辑，而且到人大读书以后，能接触到很多法学水平很高的老师，特别是在法律思维和逻辑部分我受到了良好的训练。因此，我参加工作的这些年，考虑问题时会比较有条理。例如：这个事儿是个什么事儿？大概需要哪些资源？应该怎么做？其中有可能会遇到什么问题？我可能会想得比较全面。第二个方面就是说话会比较有条理。我会下意识地把一个事情分点分段，然后有开始有过程有结束地去描述它，比较容易让别人接受，表达也比较清晰。

我在人大积累了法律知识储备。人大法学是全科的法学，我们不仅学民法、刑法、诉讼法，也学涉外的法律。在实际工作中，面对很多项目的文稿合同，我们会更加清楚地知道法律风险在哪里，会不会留下一些隐患，甚至，若有一些很明显的法律漏洞，我们会及时把它补上。虽然法律知识在不断更新，但我们也在不断学习，这么多年了，我还是比较关注自己学的专业的，所以我感觉人大教给我的专业知识对自己的知识结构影响很大。

硕士毕业后，我参加了广西的选调生考试，以全市总分第一的成绩成为一名公务员，到县一级党委组成部门工作。我在基层进行多岗位锻炼，历任基层组织员、新农村指导员、乡镇党委副书记等。在基层工作三年多之后，我调到自治区党委组成部门工作。

在基层期间最难忘的，是我担任乡镇党委副书记时负责的征地、计生工作。我常常起早贪黑，带着干部们攻坚克难，这里面给我的最大感悟和财富，就是如何做群众工作，怎么才能走到群众心里去。归根结底，就是要吃群众饭，说群众话，结群众亲，办群众事，真正为他们的切身利益着想，在工作中多一些理解、多一些人情味，群众自然会把你当自己人，会支持你的工作。

我在基层挂职，担任河池市下辖都安县委常委、副县长，全县驻村工作队队长。都安县位于广西中部偏西、河池市南部，下辖 19 个乡镇 253 个行政村（社区）7 201 个村民小组，总面积 4 095 平方公里。“十三五”时期，都安是广西贫困人口和易地扶贫搬迁人口最多、贫困面最广、贫困程度最深、脱贫任务最重的县，被列为全国深度贫困县、广西极度贫困县。通过各级各部门的关心帮助和自身努力，2020 年全县 147 个贫困村全部摘帽，4.66 万户贫困户全部出列，20.28 万建档立卡贫困人口全部脱贫。2021 年，都安县被列为国家乡村振兴重点帮扶县，迈上了全面推进乡村振兴的新征程。按照组织的安排，我于同年 5 月来到都安。到任以来，我认真贯彻落实上级关于实现巩固拓展脱贫攻坚成果同乡村振兴有效衔接的决策部署，把巩固脱贫成果、促进农民增收、推动乡村振兴作为头等大事，着力配齐配强驻村工作队，推进各项工作取得积极进展。一方面，勇于担当，认真抓好乡村振兴主力军的组织管理服务。驻村工作队是实现巩固拓展脱贫攻坚成果同乡村振兴有效衔接的主力军。我作为全县工作队队长，日常认真抓好队伍的组织管理服务。另一方面，发挥优势，切实推进乡村振兴高质量发展。协调申报各类项目和指导申报乡村振兴专项资金，极大地补齐了都安县基础设施、产业发展、公共服务等方面的短板。此外，珍惜锻炼机会，注重实地调研。工作上勇于担当，主动认领。在管好全县工作队的同时，我还联系高岭镇。日常工作中，我积极融入县委常委班子，协调解决驻村工作困难和问题；多次带队到区内外调研产业项目，为集体经济发展想办法找路子。

帮扶中遇到的最大困难是如何把基层的组织建设抓起来。部分村干部和村级党组织长久以来比较涣散，我来了以后主要通过以身作则、建章立制、严肃纪律、督促检查等方面定规矩，把基层的组织建设抓起来，建立一支执行力强的队伍。

印象最深的还是群众的朴实。到基层入户时，看到困难家庭，我会想方设法去改善他们的生活。下乡的时候，你真心对老百姓好，老百姓也会真心感谢你，感谢党的干部。

都安县少有的一块规整的平原，这是我在高岭镇拍的景色

很多时候得到群众的肯定，自己会觉得特别温暖，会找到坚持下去的一个个理由。例如：我去看我的一个帮扶对象，我跟他聊了有半个多小时，然后我就跟他讲，你要相信你的生活一定会越来越好。他的小孩被录取到我们广西的一所大学，我对他说，你读书上、生活上有什么问题，比如说身体不舒服需要去医院，遇到困难和问题要及时跟我讲，我来帮你解决。因为疫情，学校管控，学生出不来，他没有办法打工，我给他找了个企业，到毕业之前给他每个月1 500元做生活费。他特别感动。我走了以后，他给我发了一条信息——“帮扶我这辈子都忘不了你能加个微信吗”。后面我们加了微信，我就觉得很感动。他说“我这辈子都忘不了你”，这个时候我感觉至少有人认可我的付出了。

帮扶对象给我发的信息

就我自己的帮扶户来讲，还有1户是家里面有4个小孩，负担是比较重的，那么我们也从政策上，比如说提供公益性岗位，比如说办低保，进行兜底保障。家中妻子本身有一些基础病，又因为小孩比较多，要在家照顾小孩。丈夫是一个建筑工，一直都在工地上打零工，受疫情影响，很多工地的开工实际上不是很有规律，有一些工地甚至出现了停滞，所以他可能在就业收入方面没有办法得到保障了。我了解到这个情况之后，联系了一些我们在建的项目工地的业主和老板，说你们如果有工作机会，就多给他一些帮助。我觉得我作为一个挂职干部，可能会有跟帮扶户工作相关的一些资源，那么我要更多地把这些资源拿去帮助这些家庭，这也是自己的使命之一。

我首先要把这些人帮扶好，其次在整体层面为全县做一些事情。我个人感觉基本上就是在做这个工作，就是把自己能够整合的掌握到的资源，多输送给这些需要帮助的人，慢慢去改善他们的生活，而且这种改善是相对持续的，而不是说我今天到他家，给他一桶油、一袋米，给他200元，然后我就完事了，这样的帮扶是不持续的。要找一些能够让他持续改善生活的技能，我觉得这个可能更加重要一些。

路上的落石

都安处于典型石漠化地区，容易发生地质灾害。2022年3月下乡时，一块大石头在我的车到达前刚从山上滚下来，落在车的必经之路上。一旦长时间下雨，加上土层薄，软化以后就容易有落石。一边是小路一边是万丈深渊，这种路我每天下乡都会遇到。下乡时曾碰到一条很危险的路，我回来后向单位汇报，目前已经安排资金把它硬化了。

一条很危险的路

打通村际“断头路”，全面修通弄机路段。自 2016 年以来，由于其他原因，加庭村弄机路段成为加庭村至宜江村的“断头路”，堵死了两村唯一通道，严重影响两村村民的出行。我们对“断头路”进行勘查，提出解决方案。由驻村工作队、村“两委”和公益岗等抽人组成施工队，挖土填坑，全面修通弄机路段，确保通行通车。与此同时，新建一条加庭村至宜江村的道路，使两村村民外出多了一种选择，彻底解决历史遗留问题。

告别“两不管”地带，硬化道路成“双赢”。加庭村道路与邻村弄池村部分屯相互交叉，出现了日常过往的是加庭村人、路权却属于弄池村的“两不管”地带。弄勒路段刚好处于“两不管”地带，常年失修、山路坑洼、出行不便。我推动加庭村委和弄池村委主动申报硬化道路项目，成功硬化“两不管”地带，大大方便了两村群众出行，结束一件烦心事。

2022 年 8 月前弄勒路段

2022 年 8 月后弄勒路段

基层经历对我个人的影响，我觉得有三点。一是培养为民情怀。基层就是一个大熔炉。到了基层，你可以接触农民，可以换一个角度去思考我们的学习、工作和生活到底为了什么。我在基层得到的最大财富就是理解了农民。学会尊重他们，走近他们，你说出来的话、做出来的事自然容易被他们接受。二是锤炼务实的工作方式方法。在基层工作过的同志，看问题会比较全面，不容易走极端，而且会更务实，因为基层条件比较艰苦，基层同志们的收入也不高，所以学会了花小钱办大事。三是培养抓重点的工作习惯。基层的工作千头万绪，不能眉毛胡子一把抓。在基层工作过的同志，往往要学会抓重点，切忌长篇大论，集中有限的力量抓住重点工作并做好。

在基层的工作经历，我觉得对我个人影响还挺大的，让自己更加了解基层了。以前“群众”“老百姓”对我来说可能是一个符号，但只有真正来到基层，经常接触不同的人，看到很多的家庭，才会切身感受到，他们就是一个个很鲜活的面孔，一个个都有自己的喜怒哀乐，一个个都有自己家庭里面的悲欢离合。你会看到很多人世间有烟火气的个体，这样你就会更加了解中国的老百姓、中国的群众、中国的基层。

2021 年 12 月 25 日，我到村里夜访。当天是西方的圣诞节。

我到村里夜访

让岁月静好、保一方平安的从来不是圣诞老人，而是千千万万坚守在一线的基层干部和工作者。

比如说以前我们不懂的时候，也许到老百姓家里面，因为不是每个人都会把家里收拾得很干净，所以就会好像有点嫌弃，觉得他们好像有点不太讲卫生。但是现在，我来了以后，去不同的地方入户，了解老百姓的生活，在和他们平时打交道的过程中，也给他们灌输一些思想。通过一段时间的努力，很多脱贫户搬到了安置的居住地，住上了楼房。我告诉他们要改变以前的生活习惯，把家里收拾收拾，把东西分类一下。有的甚至还在家里面养鸡养鸭，告诉他们为了全家人的卫生健康，需要人畜分开。有些生活方式可能并不是他想要的，因为他出生以后就在这种环境中成长，已经习惯了，所以要学会去引导他，更重要的是要理解他，这并不是他想要的，其实他也想变得更好。我觉得这也是我们的义务和责任。我觉得会理解他们，而不是嫌弃他们，这个是最大的转变。

和村民在一起

我是来挂职的，主要任务是帮助群众实现巩固拓展脱贫攻坚成果同乡村振兴有效衔接。整个都安县有 253 个行政村（社区），我们对其中一部分选派了第一书记和工作队员，我到这里一年半了，我差不多在一年时间里基本上把最主要的那些走了一遍。在管理和服务方面就不细说了，我更多的是着眼于帮助发展产业，因为我是经济部门的干部过来挂职的，所以对经济这一块我会比较熟悉，如打开渠道市场和跟企业打交道。我发挥广西发展改革委的平台的优势，为全县的产业做了一些谋划。因为都安县是典型的大石山区，人均可用的耕地面积不足 0.7 亩，所以土地资源是非常紧缺的。但是恰恰因为是大石山区，所以有很多碳酸钙资源，因为石头里面就有碳酸钙，而且比较容易开采的都在地表，所以我就帮他们谋划了广西碳酸钙产业高质量发展“十四五”规划。在省一级层面有意把这个产业给它规范起来，要先规范发展已有一些发展的区域矿产，再让一些条件好的集中发展，不要大家都搞不好使资源又浪费了。把全县纳入规划，作为一个适度发展区，它就有了发展一个产业的依据，这对全县的影响是比较大的。我们落地了碳酸钙产业项目，这可能对全县下一步就业，包括税收拉动的影响会比较大。

要改变一个地方的面貌，我感觉最难改变的并不是它要有多少资源、多少资金、多少土地，而是人的思想。中央提出来的扶贫——既要扶智也要扶志，我觉得是非常精准的。要改变一个地方的面貌，首先这个地方的人自己想要改变，其次还要有改变事情的决心。同时，在少数民族地区的管理上，需要特别注意少数民族风俗习惯。

我做工作是比较有热情的，有时候感觉对家里面的老人、孩子、爱人非常亏欠。我的爱人是比较支持我的工作的，偶尔会有一些埋怨的时候，比如说前段时间我的两个孩子轮流发烧，我工作特别忙，然后又有一系列的检查，我没有办法去陪孩子和爱人，便让我的父母去陪伴，那个时候我就感觉对他们非常亏欠。

每个人的选择都不一样，实际上到基层或到艰苦的地方，我觉得同样可以磨炼一个人，而且也可以让一个人的人生变得很灿烂。

首先不要抵触它，要把它当成一种事业。如果下定决心要到基层来奉献或来工作，要把它当成一种事业，而不是当成一个任务，那么心态自然就会好，遇到困难的时候就不会想轻易去放弃它，否定你当时的决定。我个人觉得既然选择了，那么尽量坚持下去。坚持下去，会发现很多观点会不断改变，也会更加理解基层。作为一个名校的学生，运用好自己的学识、自己的能力，一定会在这个地方发光发热，但是前提是你要有好心态。

希望学弟学妹们珍惜在学校的学习时间，利用大学时代多读书，读好书，养成自律的习惯；多参加社会实践，了解象牙塔外的世界，尽量充实自己，做好迎接社会大熔炉洗礼的准备。

衷心祝愿母校越办越好，紧紧围绕党中央和国家的中心任务，秉承实事求是的优良作风，发扬艰苦奋斗的光荣传统，培养出更多“国民表率、社会栋梁”。

逆水行舟，不进则退。一万年太久，只争朝夕。相信用最扎实的工作作风和最认真的工作态度去对待每一件事、每一个工作任务，一定能够取得理想的结果。

韦林周自述，本次采访时间为2022年12月，由中国人民大学校友工作办公室负责录音整理及文字编辑。

杨得志

|人物简介|

杨得志，1996年在中国人民大学新闻系读二年级时创办了校团委机关报《青年人大》，并担任首届社长兼总编辑。先后在中国青年报社、国家新闻出版总署和中央统战部工作，担任过报纸、杂志、网站等不同新闻媒体和宣传机构负责人，多次获得“中国新闻奖”等重要的国家级奖项和表彰。

◎ 挂职期间奋力工作

2020 年，经中央统战部推荐、受中央组织部委派，杨得志担任中央组织部派赴贵州省挂职干部联络员、党支部书记，中央统战部贵州扶贫工作队队长，挂任毕节市委常委、副市长。

挂职以来，杨得志满怀真挚感情，虚心学习、奋力工作，得到了大家的广泛认可、肯定、信任和支持，最初分管市广播电视台、统一战线对口帮扶和社会扶贫等方面工作，又增加了负责大数据产业发展、信息化、数字经济、民族宗教、文化、旅游、商务、市场监督管理、招商、投促、政务服务、“放管服”改革等工作，分管多个部门和单位。

在贵州省“四新”“四化”“一招”重大战略中，杨得志负责了其中的数字经济、旅游产业化和产业大招商三项工作；支撑全市 GDP 考核的 33 项主要经济指标中，他牵头负责的就多达 10 项。

一名挂职干部分管如此众多而重要的工作，是很罕见的。

此外，2021 年 3—7 月，根据省委统战部和毕节市委安排，由杨得志代为主持市委统战部全面工作；2021 年 5 月初，省委组织部报中央组织部并经中央统战部批准后，正式任命杨得志兼任贵州省大数据发展领导小组办公室副主任，他参与了 2021 年中国国际大数据产业博览会的筹备和组织工作。

工作任务的不断加码，充分体现了省委、市委对挂职干部的信任和肯定，也是对杨得志本人政治素养、综合素质、能力水平和工作激情的充分认可。

走近杨得志，两个关键词浮现脑际：“厚”和“拼”。“厚”，是他的知识丰厚、待人温厚、思想深厚；“拼”，是为支持毕节拼人脉、为职责使命拼智慧、为创新发展拼激情。

◎ 主动作为，奋力推动数字经济抢新机

杨得志从在《经济日报》实习期间就开始关注和报道互联网产业，此后一直潜心研究，撰写了一系列有影响力的深度报道和理论文章，成为知名的专家型记者。2008 年他开创了利用脸书和推特等国际互联网平台进行对外宣传的新模式，2010 年提出了“网络统战”和“统战网络”的理论与工作思路，在创新统一战线网络宣传和联系团结互联网界代表人士方面取得了显著成效，积累了十分丰富的实践经验和广泛的业界人脉资源。

到毕节工作以后，杨得志充分发挥自身在数字经济方面经过长期学习研究和实践积累的资源与人脉优势，把字节跳动、美团、腾讯、阿里巴巴、京东、小米等互联网公司、独角兽企业和科研机构引入毕节，为毕节带来大流量支撑、打造城市核心 IP、助力旅游资源推广和农特产品直播带货等，取得了非常显著的成效。

例如：与美团、抖音等共同策划举办“跃动毕节”系列活动，大大提升了毕节的网络影响力和数字治理水平；推动建成“毕节数字经济产业园”，引进点动科技、好活科技、薪太软、阿里巴巴客服中心、字节跳动数据标注中心等入驻园区，以此为基础探索建设“云服务产业园”，积极形成数字经济服务外包产业集群；打造“毕节乡贤”品牌，以数字化手段创新推进人力资源开发，实现了“一个乡贤外出务工，税收、工资、产值、人才、数据‘五个回流’到毕节”，在促进外出务工精准化、价值最大化的同时，形成资金回流，实现人力资源数据价值最大化；成功举办“春暖乌蒙 情系乡贤”——毕节市首届千村直播带岗大赛，直播 4 636 场次，带动辐射全市 3 700 个村，提供了 3 000 多家企业的约 28 万个就业岗位，受到了省领导和省大数据局的高度肯定，并被《人民日报》赴毕节调研组作为重大创新工作报道；组建云上毕节直播联盟，在电商直播带货、助力“黔货出山”和文旅推广上取得了突破发展，培育了

“贵州带货女王卡妈”等一批本土达人；创新建设“毕节AI数字会客厅”，运用市场化方式，政府“零投入”，突破现有城市宣传模式，搭建起毕节对外宣传的线下体验平台和互动交流空间，通过数字化手段将其打造成为历史溯源地、形象展示地、旅游体验地、规划展望地、数据交互地；协调美团大学毕节培训基地、直播学院等机构落地……通过努力，他推动毕节数字经济从无到有、从弱到强，为毕节注入了蓬勃的生机活力。

◎ 创新求变，旅游产业化迈上新台阶

分管旅游产业化工作后，杨得志深入思考，创新旅游产业发展思路举措，提出必须从“以景区为核心”向“以人为核心”转变，推动旅游业从“门票经济”向“产业经济”转变。通过一系列改革措施，不断深化丰富旅游业态、激发旅游投融资活力、优化产业发展组织经营方式，全市旅游业快速恢复，2021年接待游客人次和旅游综合收入大幅增长，2022年上半年接待游客4 800万人次，实现旅游综合收入460.8亿元。聚焦“洞天福地·花海毕节”旅游品牌，“基于花、做足花、不唯花”，创新推出杜鹃花海、韭菜花海、樱桃花海、玉簪花海等四大“花海”子品牌以及温泉养生、露营管家、花卉电商、“花都里”民宿等一系列旅游新业态。利用数字经济赋能，狠抓“大平台”“大流量”，充分利用新媒体强大流量优势打造毕节旅游IP，在美团等平台设立毕节旅游品牌馆，组织百余位抖音网红开展直播学院毕节站活动，在《QQ飞车》游戏中设立毕节赛道……平远古镇、阿西里西波浪路等接连爆红，屡屡登上最热景区榜单前10名，抖音“毕节dou是好风光”相关视频累计播放量达数亿次。

他精心组织、全力协调推动织金洞景区创建国家5A级旅游景区工作。通过不懈努力，织金洞景区于2022年7月15日成功成为国家5A级旅游景区，从此毕节旅游正式迈入双5A时代。

为全面展现毕节旅游发展新成果、新形象、新风采，打造旅游目

的地城市，他精心主持设计了“洞天福地·花海毕节”旅游形象标识并大力推广，得到了省文旅厅的高度评价。

针对疫情影响，整合全市优质旅游资源，谋划推出了全国首个露营业态的区域性公共品牌——“花海毕节·露营管家”，以轻资产、低投入打造中频次、高附加值的新型旅游产品。自2022年推出以来，百里杜鹃花海露营基地、贵州之巅·草原星空露营基地等产品广受热捧，极大地丰富了旅游供给，升级了旅游业态，引领了旅游度假消费新潮流。

◎ 推动有效市场和有为政府更好结合，招商引资、“放管服”改革和营商环境打造成效跃居全省前列

杨得志秉持“有效市场和有为政府更好结合”的理念，紧密围绕优势产业和优势资源，不断创新方式，从危机中抢先机，全力破解困境，取得显著成效：招商引资工作2021年排全省年度考核第二；营商环境评估从2020年全省倒数第一跃升至2021年全省第三，打了一个漂亮的翻身仗。

通过校友资源促成中国光大银行与毕节市政府建立战略合作，银行单独给予毕节300亿元授信，是毕节历史上第一次与商业银行总行直接进行合作；协调引入投资机构高瓴资本和全球领先的咨询公司普华永道帮扶毕节，对产业招商进行投融资战略支持和提供咨询服务。

认真落实省政府主要领导到毕节调研指示精神，大力引进发展劳动密集型产业，对接劳动密集型产业企业，推动晶苑国际集团有限公司、广州市森荣手袋智造有限责任公司、毕节市晶煌制衣有限公司等一批优强企业顺利投产，带动就业万余人，得到省领导和省投资促进局高度肯定，杨得志在全省专题会上做了经验交流发言。

着力打造“贵人服务·毕须办”政务服务品牌，狠抓营商环境优化，2021年排名从2020年全省倒数第一跃升至全省第三。相关经验做法获得时任省委书记谌贻琴批示肯定，被省政府办公厅专题刊发。

通过深化“放管服”改革，优化企业开办服务，实现企业开办“一日办结”；推动实现“一窗通办”“一网通办”，大幅度提升办事效率；实现“便民服务 5+2 周末办事不打烊”；立足疫情防控，2022 年创新推出“五办”（就近办、网上办、掌上办、自助办、邮寄办），市场主体“零跑腿”即可办妥上千个政务服务事项；推动公共资源交易数字化改革，为服务对象节约标书等直接成本和“跑趟”等间接成本。

2021 年 11 月，全省企业开办“一日办结”“一窗通办 2+2 模式”现场会在毕节召开，蔡朝林副省长出席会议并对毕节的探索和做法给予了充分肯定和好评。

◎ 提升市场监管水平，激发消费潜力，内需动能明显增强

针对食品安全相关法律法规和文件数量种类多、时间跨度大、基层掌握不全面的现实问题，杨得志牵头市场监管局等部门，对 100 余部法律法规、文件规定和标准进行了梳理整合，紧密结合毕节实际，落实各级各部门和食品经营者职责，制定了《毕节市食品安全监督管理办法（试行）》（2022 年 3 月出台），为推动全市食品安全监管高质量发展提供了根本遵循。

筑牢食品、药品、特种设备、产品质量、网络市场“五个安全”屏障。例如：开展全市白酒生产加工小作坊专项整治行动，摸排建档白酒小作坊；研究探索冷链食品疫情防控机制，充分发挥中转冷库作用，对进口食品、农产品进行有效监管，多次迅速处置中转站进口水果呈阳性应急事件，没有形成任何扩散。

精心策划汽车、餐饮等一系列促消费活动，组织重点活动 100 余场，带动直接消费超过 21 亿元，取得明显成效。2021 年全市社会消费品零售总额同比增长 14.3%，排全省第三；商务领域消费指标总体拉动全市 GDP 增长 2.18 个百分点。2022 年，贯彻落实《毕节市激发市场活力稳住经济增长“1+N”工作方案》，创新性开展“乐购毕节 · 助商惠民”促消费专项行动。举行夜间经济、步行街经

济发展交流座谈会，取得良好成效。

开展以数字技术推动成品油市场专项整治工作，取得显著成效。在省政府召开的全省加油站流量信息监管工作电视电话会议上，分管副省长对这项工作给予充分肯定，与会人员以视频方式观摩了毕节市成品油市场专项整治工作开展情况，杨得志做了经验交流发言。

◎ 狠抓新闻舆论，推动文化繁荣，积极塑造毕节正面形象

杨得志积极发挥从事新闻工作的人脉优势，主动联系协调中央主要新闻单位和新兴数字媒体到毕节实地采访，以多语种及图片、视频、文字等多种形式，全面报道毕节脱贫攻坚伟大成就，在不同舆论场塑造毕节试验区良好形象。其中，《如铁雄关从头越——毕节脱贫，从“五子登科”到“新五子再登科”》在人民网头条刊发，形成重大影响；“英国小哥下乡记”系列短视频摄制组实地拍摄毕节绝壁天渠、溶洞篮球场等，以中英文双语模式在海内外渠道发布，取得良好传播效果。受邀向全市宣传干部和新闻工作者开展舆情应对与媒体传播的专题讲座，提升干部媒体素养和舆情风险意识。

坚持正确舆论导向、狠抓节目质量、创新宣传方式，大力推进媒体融合改革，构建了移动首发、多次生成、多元发布的传播格局。

完善公共文化服务体系，推动文化资源共建共享。在 2021 年第五次全国文化馆评估定级中，市文化馆和七个县区文化馆均评估定级为国家一级，毕节市由此成为全省国家一级文化馆新增数量最多的市（州）。

扎实开展文化惠民活动，组织实施送文化下乡百场演艺工程，成功举办毕节市乌蒙文化旅游周 · 第八届文化艺术系列（戏剧小品和器乐）大赛暨贵州省第十五届“杜鹃书荟”曲艺大赛等文化艺术赛事，创新性开展城市书房、景区书房建设，加强文物保护利用，加快推进长征国家文化公园建设，不断增强群众文化获得感和幸福感。

高度重视文化精品打造。例如，指导市文化广电旅游局和市文化馆编排反映乡村振兴的音乐剧《守望 · 撒麻》。经过 10 多个月的

刻苦努力，2022 年 9 月 15 日，在第十三届中国艺术节上，音乐剧成功斩获三年一届的全国群众文化艺术政府奖“群星奖”，这是该奖设立 31 年来毕节首次获奖，也是自 2013 年来贵州省群众文艺作品首次获奖，得到了省领导和省文旅厅的高度表扬。

◎ 以高标准倾力做好统一战线、民族宗教和对口帮扶工作

杨得志主持市委统战部工作期间，从讲政治的高度精心谋划民主党派和工商联换届工作。牵头起草《换届工作实施意见》，主持召开换届工作座谈会，切实在思想上达成共识，确保换届工作顺利推进。

坚持以铸牢中华民族共同体意识为统揽，深入推进全市民族工作高质量发展。全力推进民族团结进步示范创建工作，确立创建主题“铸牢共同体 建设示范区”和创建标识《舞动未来》，实现“七进”全覆盖，使毕节市成功获得省民宗委推荐参评第十批全国民族团结进步示范市；全力推进民族地区各项事业健康发展，指导完成《毕节市“十四五”民族团结进步事业规划》编制工作，指导编排史诗剧《磅礴乌蒙》参加全省第七届少数民族文艺会演并获得剧目金奖。

坚决贯彻落实中央宗教工作会议精神，坚持我国宗教中国化方向，确保党的宗教工作基本方针落细落实。持续加强宗教工作体制机制建设，常态化召开宗教工作联席会、研判会，统筹调度工作任务，及时化解矛盾问题；持续加大依法管理宗教事务力度，解决了一系列困扰多年的难题，取得了良好的成效。

狠抓统一战线帮扶项目落实，与中央统战部办公厅、各民主党派中央社会服务部以及毕节市委统战部、试验区联络联系办公室建立工作联系，完善工作措施，切实抓好查缺补漏和巩固提升工作，促进协议项目落地落实。对新的历史阶段统一战线如何创新开展帮扶工作进行了系统思考和研究，向中央统战部等的领导同志进行了汇报，得到了积极的回应。扎实推进“千企帮千村”等工作，高质

量完成上级统战部门交办的各项工作任务。

◎ 用心用情，协调各方资源全力投入公益和教育事业

杨得志高度热爱公益和教育事业。一方面，创新推动“活水计划”项目、世界银行贷款项目等在毕节的落地落实，并率队参加深圳慈善展会，积极推动毕节社会扶贫工作迈上新台阶。另一方面，积极通过个人关系汇聚各方面资源支持毕节。协调在线教育机构与毕节市结成帮扶关系，促成在线教育机构组织北京优秀教师到赫章现场授课并捐赠 1 000 万元线上课程；协调中央电化教育馆和英孚教育免费为全市英语老师开展培训并赠送价值数百万元的网络课程；协调基金会等机构在毕节开展捐赠和文化帮扶；协调哈药集团捐赠药品；协调小米集团为全市中小学捐赠“小米图书馆”“小米书法教室”和笔记本电脑及大量数字图书资源。

针对毕节乡村幼儿园条件极为简陋的现状，与美团一起策划了“乡村儿童操场”公益计划。公益计划于 2020 年 9 月在毕节率先启动。这是以平台连接能力和数字化优势创新公益捐赠模式，通过互联网汇集公益力量，带动公益商家、爱心用户一起为乡村幼儿园铺设多功能操场，为孩子们创造更丰富、有更多功能的户外运动场地，助力乡村儿童健康、快乐成长。自 2020 年 9 月 20 日全国首个美团“乡村儿童操场”在赫章县兴发乡中心幼儿园建成，到 2022 年 9 月 2 日在毕节市圆满收官，共带动约 18 万个商家、6 万多名爱心网友参与捐赠逾 2 700 万元，建成 267 座高标准的现代化乡村儿童操场，使毕节全市实现了满足公益项目标准幼儿园的全覆盖。这个创新的善举，得到了社会各界的广泛赞誉，并作为一种崭新而有效的模式，向全国贫困地区推广。

作为中国人民大学和清华大学的优秀毕业生、校友会理事，杨得志积极协调重点高校资源，促成清华大学、北京大学、中国人民大学与毕节建立深层次合作帮扶机制；协调清华大学五道口金融学院师生于 2021 年暑期专程赴毕节进行实地调研，为毕节市申报“创

建普惠金融改革试验区”建言献策、把脉问诊并组织撰写了相关材料，开展金融助力乡村振兴课题研究；2022 年暑期，又协调中国人民大学“中华人民共和国脱贫攻坚史”系列调研项目在毕节市启动，来自中国人民大学新闻学院、应用经济学院和党委学生工作部（处）的师生围绕“脱贫攻坚”和“乡村振兴”两大主题展开了为期一周的调研，系统梳理了毕节脱贫攻坚的伟大实践，形成了丰富的文字、图片和视频资料。

◎ 主动请缨，担当作为，深入一线抗击疫情

2022 年 9 月，贵阳市、毕节市发生疫情。杨得志以高度的政治责任感，主动请缨、投入战斗，在省市联动指挥部的坚强领导下，战斗在织金县和七星关区抗击疫情一线，深入高风险区的社区街道、乡镇村寨，主要负责物资和后勤保障、隔离转运和交通保障、数据分析和风险区划定，用心用情、倾力而为，顺利完成了各项工作任务，迎来了抗疫斗争的胜利。

在疫情期间，畅通政府和群众沟通的渠道十分重要。杨得志历来高度重视 12345 便民热线工作，并建设形成了一套良好的工作机制和大数据智慧分析体系。针对群众反映的急事难事等问题，杨得志专门成立应急调度专班，实行协调提速办理，切实发挥了政府与百姓间“连心桥”的作用。

在毕节挂职的岁月，杨得志一直夙夜在公、竭尽全力投身工作，善于学习、敢于担当，把挂职当任职，充满激情和干劲，为毕节带来了新思想新理念新作风，更是做了大量的实事，因此得到了广大领导、干部、群众的高度肯定和赞许。

杨得志自述，本次采访时间为 2022 年，由中国人民大学校友工作办公室负责录音整理及文字编辑。

文 / 李霓

杨志铭

|人物简介|

杨志铭，2007—2011年就读于中国人民大学信息资源管理学院。2011年8月选派到贵州天柱县远口镇工作，历任远口镇党政办科员，远口镇党委委员、组织委员，天柱县委组织部办公室主任，渡马镇党委副书记、镇长，邦洞街道党工委委员、书记，贵州省黔东南州施秉县委常委、组织部部长、党校校长。

◎ 农家子弟求学人大

我是贵州天柱县蓝田镇人。父母都在家乡务农，我是一个地道的农家子弟。我先在镇上读小学，后到县里读初中，高中才考到市里的凯里一中。读书的时候，我一直比较受老师照顾，成绩也不错，最终考上了人大。

上大学以前，我对人大并不很了解。有个学长考上了人大，街坊邻居都知道。这对我来说有些影响。加上我的父母都是农民，也觉得“人民”好。这也可以说是一种缘分吧。后来进入了人大信息资源管理学院，我了解到学院历史很悠久、实力很强。

在人大的很多经历都特别难忘。我特别怀念大学时光，那可以说是我人生中最珍贵的回忆之一。从参加工作到现在，大学的很多人和事我都记在心里。

我是困难家庭的学生，入学时就有“绿色通道”。当时，人大有个自强社，社里的师兄师姐在开学时就去接我，领着我从下车到完成整个报名流程，给了我很多帮助。自强社经常去京郊支教，每周三下午都派人去。等我成了师兄，也去迎新接站，也做“绿色通道”的服务。我对“百团大战”这样的活动印象很深。

开学不久就是中秋节，我印象非常深刻。学院举办了中秋晚会，还让我们表演了节目。到了学校一下子就找到了大家庭的感觉，心里特别温暖。我们一起参观杭州的萧山档案馆、参加辩论赛和“一二·九”合唱音乐节比赛等，现在我都还记忆犹新。我有些遗憾的是，当初在学校学习不很努力，后来才发现书到用时方恨少。

我在大学还有幸经历了几件大事。其中之一是新中国成立六十周年庆祝活动。当时，我参加了学校组织的游行，人大学生被分在“北京奥运”方阵。整个暑假我们基本上都在沙河那边参加训练。2019年，当电视上直播新中国成立七十周年庆祝活动时，我在天柱县从头看到尾。我想着十年前别人看着我们，觉得特别感慨。当时办奥运会，我还报名当了志愿者，我觉得特别自豪。直到现在，我还保存着发给我的国庆纪念章和奥运纪念章。另外，2007年刚好是建校七十周年，我也参加了很多庆祝活动。回想起来，真是一种人生无悔的感觉。

老师和同学给我留下深刻印象的就太多了。当时学生处的韩老师、楚老师和高老师等，给了我很多精神上的鼓励。学院的马晴老师，虽然平时很严肃，但对我们这些困难学生一直特别关心。还有徐拥军老师等，都给了我很大帮助。还有社团的很多同学、班上和宿舍的同学，现在想起来真的非常怀念。

高中毕业时就想着先上大学把知识学好，然后回家乡干点事情。那么回家干哪一行呢？我报考了黔东南州的选调生，录取后被分回了天柱县。我就这样回到了家乡。当时很多人都替我觉得不值，觉得我上了这么好的大学，还回到乡镇来工作。但我觉得，人必须从基层一步步锻炼起来，而越往上越需要积累。

◎ 不耕耘就不会有收获

我已工作了十多年。一路走来，其实挺不容易的。有时我真的觉得，刚去的那会儿，要不是我就是当地的人，可能真的难以接受。

我刚参加工作，被分配到了远口镇。由于要修建电站，原来的老城区要整体搬迁。我们的移民任务很重。由于确定要搬迁，从工程动工开始，政府就已不允许在老城区再进行建设，所以当地的基础设施基本维持着八年之前的样子。

那时条件真的很艰苦。对于刚从北京回到家乡的大学生而言，对比太强烈了。那个镇只有一条主街道，非常拥挤、狭小，不仅离县城远，还都是坑坑洼洼的土路。往来只能坐农村班车，很颠簸，车内很闷。

我在党政办的工作特别杂，大到牵头起草政府工作报告和各种规划，小到端茶倒水、打扫卫生。因为我们是窗口部门，所以必须保持办公场所的干净整洁。最开始，我心里其实有一些落差，但我慢慢把这些都当成了锻炼的过程。

印象最深的是做老百姓的工作。说动他们拆房子，再建房子，真的很难。每天都是挨家挨户地上门做工作。早上八点上班，下午五点半下班。吃完饭一般是下午六点多，一人拿个手电筒，穿着胶鞋带着伞，去群众家里做工作，一直到八点多。农村百姓最有那种故土难离的情怀，但要建设、要发展，这种矛盾又不可避免。所以说这个思想工作真的很难做。有的群众不理解，我们还发生了很激烈的冲突。我因此还受过伤。

我经历了很多岗位。我被抽调到县政府办秘书一股工作后，又回远口镇当组织委员，接着去县委组织部工作。之后，我在渡马镇工作，当党委副书记、镇长，又去邦洞街道负责党工委的工作。2021 年 10 月我到施秉组织部工作。每个岗位都有自己的特点，我从中得到了很多锻炼。例如：在县政府办这样的综合协调部门，学会了很多业务知识，了解了整个政府系统的大部分工作；组织部工作很严谨，各类机关材料很锻炼人的细心，要求作风严谨和守纪律；当了分管领导，特别是在乡村，必须学会处理很多具体的复杂问题，克服包括家庭问题在内的很多困难。

这十多年来的工作，不能说有多大成绩，但我觉得实现了自己的价值。当初的远口镇，现在已成为当地的水上明珠乡镇，特别漂亮。想起当初给老百姓拆房、征地、划地，协调群众矛盾和维护社会稳定，这一系列事情做下来，有实实在在的结果。有耕耘才有收获。耕耘未必一定有收获，但不耕耘一定没有收获。

十多年来，我一直在基层辛辛苦苦地耕耘，获得了老百姓认可，心里也很踏实。从前，我也很羡慕在上级单位的同事。但后来我觉得，能接触一线，做老百姓的工作，是我的价值所在。当地老百姓很淳朴。他知道你帮他做了事，就一直感恩于心。你什么时候去，他都会热情地拉你喝水、吃饭、聊家常。这些事情让人特别有实实在在的成就感。

◎ 脱贫攻坚中受到磨炼

我是 2015 年去渡马镇当党委副书记的。当时天柱县是深度贫困县，渡马镇贫困发生率很高，贫困人口众多，脱贫任务很重。

当时我们的战略叫作“一一二四五”。第一个“一”是“一个机组”。组织一帮人员，去组建队伍、组建机制、组建专班，让干部下到一线。实施网格化管理，一个干部包一个网格，一个网格有 60 多户，其中有十来户贫困户。第二个“一”是“一个航标”。目标是 2019 年全部摘帽，对照国家“一达标”“两不愁三保障”的标准设定了每年贫困发生率的下降幅度。“二”“四”“五”就是一些具体的工作措施了。

共和村非常贫穷。我们修路架桥，建设特色民俗文化，现在甘溪侗寨已成为非常有名的主打功夫文化的旅游村寨。老百姓在物质层面得到了很大改善后，精神面貌焕然一新。我们还推行“合约食堂”，遏制农村办酒席的奢靡浪费之风，在全省得到了认可。

天柱县和湖南怀化市会同县接壤。从前人们都说，泥土路就是贵州地界，水泥路就是湖南地界。但现在，贵州整个进入了“黄金十年”。特别是脱贫攻坚以来，经济增速非常快。路灯、文化广场等基础设施都修建起来。县县通高速，组组通硬化道路，公交车一直通到村里。家家户户都实现了饮水安全。在保留传统民俗建筑的同时，消除了危房。通过易地搬迁，我们把老百姓从那些边远的、不适合发展的地方搬迁到集中安置点。他们现在住的房子比一般的商品房还要好些。以前山里没有信号，现在网络全通了。

除了修路架桥，我们还通过产业带动实现了利益连接全覆盖。对于自己没有能力致富的，我们就带动他发展。农民可把土地流转出来作为资产，甚至可以入股。这边是山区，我们主要发展家畜养殖产业，比如林下养鸡，也种植油茶树，还种植很多蔬菜水果，如香菇、羊肚菌等。有的项目已形成了全产业链。

党和国家的政策，给老百姓带来了很多实惠。社会保障实现了应保尽保、应纳尽纳。教育方面，推行免学费政策，学生在生活上也可从其他途径得到帮助，没有再因为贫困辍学的。在脱贫攻坚的这几年，干群关系也得到了特别大的改善。说实话，从前这里的干群关系有些紧张，老百姓都疏远干部，甚至有时还有些敌视。通过脱贫攻坚这几年的工作，干部形象得到了很大改善。我们为老百姓做了很多实实在在改善生活的好事，他们对待我们也特别热情，真正做到了干部和老百姓“拧成一股绳”。

◎ 在基层有凤凰涅槃的感觉

脱贫攻坚是一次大考，基层工作也是一次大考。在基层要处理很多复杂问题，小到村民两口子吵架，大到一个乡镇的总体规划。在基层有很多无奈、很多困难，别人有时候说我很坚强，其实我以前觉得很难，也流过泪，但“眼因多流泪而愈益清明，心因饱经风霜而愈益温厚”。

在基层这些年，有凤凰涅槃的感觉。刚来的时候，感觉自己挺脆弱。处理各种问题时简直手足无措、毫无头绪，到了问责时就胆战心惊。这些我都经历过，现在想来都是人生中宝贵的经历。

现在要求干部去基层锻炼，我觉得是很必要的。不到基层，不去处理一些问题，不去想一些事情，不去面临一些困境，很多东西你是不了解的。在基层的经验，对我来说是一次大体验、大提升，可以把心性磨砺得更加刚硬，把头脑磨炼得更加清晰。每个人都必须通过自己的经历成熟起来，在这个过程中我毫不后悔。虽然过程真的特别困难，甚至内心特别崩溃，但我得到了老百姓的认可，看到了老百姓真诚的笑容，我就觉得很有意义。

对于有志来基层工作的师弟师妹，我有两点建议：第一，选择很重要。如果选定了，就一定要走下去。第二，就像那首诗说的，“老是把自己当作珍珠 / 就时时有被埋没的痛苦 / 把自己当作泥土吧 / 让众人把你踩成一条道路”。

到基层多锻炼是很有意义的，但也是很辛苦的。作为人大人，我们要立志报效国家，在基层更能培养和磨炼自己。作为人大人，我始终铭记母校的光荣，在工作和生活中始终严格要求自己。我也真诚地希望在校学习的同学，能够珍惜时光，勤奋学习，将来真正成为“国民表率、社会栋梁”。

杨志铭自述，本次采访时间为 2021 年，由中国人民大学校友工作办公室负责录音整理及文字编辑。

于鹏飞

|人物简介|

于鹏飞，中国人民大学汉语言文学专业1996届毕业生。1996年7月参加工作，2001年加入中国共产党，在共青团大同市委、大同市委市政府新闻中心、大同市委组织部、山西省委组织部、运城市委组织部工作，其间在中央组织部帮助工作，任中共临猗县委书记。

◎ 成长轨迹——坚信学习改变命运

“在我看来，不论什么难事，只要实事求是地去做，就一定能够解决掉。”

我出生于山西省大同市左云县的一个小村子，生活在一个地地道道的农民家庭。我有两个妹妹和一个弟弟，家里的生活条件在我十岁以前都是很艰苦的，我们时常需要为吃饱穿暖而忧愁。因为家里贫穷，又是家中长子，我自小便懂事听话，在学习上很用功，想要通过学习改变命运、摆脱贫困。

小学到高中我都是在当地念的书，其间经历过几次转校，求学经历比较丰富。我们那个村子又小又穷，小学一到三年级学生可以在本村念书，四、五年级就需要转到乡镇政府所在的村子。就像现在好多村合并到一起，村里面就不办学校了，学校都集中到乡镇里面了。到别的村上学不是一件非常容易的事，我父亲后来做了村支书，这才能够支持我继续上学。

我的初中是左云四中，虽然坐落在村里面，却是一所非常好的学校。就是在初中阶段，我养成了吃苦耐劳和勤奋好学的习惯，这对我的一生产生了重要且深远的影响。

学校的师资力量比较弱，但是我们这一届中考的时候英语平均成绩比城市里面的中学还要高。这是因为我们的英语老师要求特别严格，他会逼着我们把英语课本背写下来。如果要求的内容背写不下来，学生是不能吃饭的。这种学习方法听起来很粗暴，却很有效。

那时候的苦是现在的孩子很难想象的：学校没有通电，到了晚上只能点煤油灯学习；一个月 11 元的伙食费，吃得特别差；一个宿舍有 26 个人，但只有两张炕，每个人只有很窄的一块地方；没有自来水，很长时间才有机会洗一次澡……

虽然条件艰苦，但是老师们和同学们都非常努力和勤奋，所以班里有不少同学都考上了高中，我也顺利升入左云县一中。

个体的成长，会受到时代大潮流的影响。经历不同的历史时期，个体会形成不同的思想认识。我高中的时候，正是我国计划经济向市场经济快速转型的时期。“学习无用论”已经在学生间散播，同学们经常会讨论是继续读书还是去下海经商，每个人都逐渐做出明晰的选择。当时班里就有一个同学不上课去街上卖西瓜了，而我打定主意要继续读书，因为我相信多学点知识总是好的，便不去理会别人的选择，专心学习，后来成绩一直不错。

当时高考填报志愿，完全是按照老师的选择。当时我们对大学并不了解，农村的孩子哪里有机会了解这些名牌大学呢？所以报哪个学校都是老师给填的，考到哪里就算哪里。当我拿到录取通知书的时候，很多人都会问我考到了哪里，我回答考人大了，大家都要问我一句：“是县人大还是市人大？”因为当时信息还不发达，在我读书的地方很多人不知道有中国人民大学，我自己也对这所学校一无所知。而现在回首，作为一个农村孩子，能够走出小县城，进入人大学习，我感到非常幸运，这四年我获益匪浅。

◎ 人大时光——追忆灿烂青春印记

上大学前我没有到过北京，来人大报到的情形我至今印象深刻。我记得排了好长的队领取了饭票和粮票，一个人将学校提供的垫子、褥子、被子扛到了宿舍。我们宿舍有七个人，来自多地：山西两个，湖北两个，山东一个，江西一个，河南一个。大家所学专业也不相同：有学法律的、学贸易的，还有学中文的。我们宿舍可以说是个多元文化的小汇集地了。大学宿舍生活是非常有意思的，大家一起学习，交流想法，分享乐趣。作为宿舍年龄最大的一个，我组织大家轮流打扫卫生和定期打水，谁不按时做就要接受小惩罚，所以我们宿舍好多次被评选为模范宿舍。

在人大中文系学习是一件幸福的事，老师们讲课都讲得特别好。印象特别深刻的是教我们东方美学课程的方老师。方老师是非常尽责的，专业水平特别高。我们在他的课堂上真的能学到很多东西。第一次上课他就告诉我们，在中文系学习是为了陶冶情操、提高素质的，能做到就安安静静听课，想学法律、金融去挣钱的，就没必要在这里浪费时间了。要知道当时市场经济影响非常大，人大学法律、经济的老师开着宝马，而中文系、哲学系的老师骑着自行车上下班，自行车还成天丢。当时的校长黄达还在学校会议上说，偷自行车的连老师和校长的都不放过。

我们专业的语言学、音韵学和训诂学的课程，都由一个戴很厚眼镜、七八十岁的老先生一直代着，因为当时研究这方面的老师很少。老师年龄很大了，但每次都按时上课，分秒不差，每节课都讲得特别认真，他同时还代着北大的课程，那种高度的敬业精神让我们都深受感动。此外，还有讲哲学的老师言简意赅、深入浅出，之前我们听一大堆理论怎么都听不懂，她一讲我们就都懂了；教现代文学的老师思想活跃，讲得生动有趣。这些老师给我留下的印象，是一辈子都忘不掉的。

除了专业课程的老师，当时教思想政治教育课的老师也带给了我很大的触动。老师讲的关于那个时代我们该如何确立思想的三句话，我至今还记着。

第一句是“不要扛错旗”。走在社会主义道路上，就要扛着社会主义大旗。当时转型时期关于计划经济、市场经济有很多讨论，老师的意思就是不管经济形式是什么样子的，在政治上都要坚持社会主义，这是很简单但是很重要的一个道理。第二句是“不要上错床”。改革开放初期有的男女关系比较自由，实际上是对自由恋爱的一种扭曲。老师就告诫我们，不要过度放纵，要保持良好的生活作风，要对自己和别人的一生负责。第三句是“不能装错钱”。意思就是有的钱你可以花，有的钱你不可以花，不要在市场的冲击下迷失自己，为了钱而失去做人的基本道德，贪污腐败是绝不该触碰的。这三句话我当时听了深有感触，此后也一直记在心里，工作后时常和同事讲起。他们有时候不信，但这就是真实的，人大的老师教给了我们实实在在的道理。

我在上学的时候也喜欢运动，没有什么特长，但是身体素质很好。我尝试练过散打，可以一口气做二十个引体向上，还坚持每天早晨去跑步，是我们宿舍里面起得最早的。但毕竟不是经过专业训练的，有一年参加学校的万米越野比赛，我跑了倒数第一。不过坚持着跑完了万米全程，我已经很满足了。

想起在人大的求学时光，我心存感激。感谢老师，给我树立了很好的为人榜样，传授给我丰富的知识；感谢青春，让我可以心无旁骛地读书，追求心中的理想；感谢自己，充实地度过了宝贵的大学生活，不断发展，变得更加成熟。

◎ 工作经历——坚定选择为民事业

我们毕业时工作岗位是可以分配的，每个人有多个单位可以选择。那时大城市里的工作机会很多，但我毫不犹豫地选择回去，因为我从小便有深厚的为民情怀和农村情结，我想回村当书记，带领老百姓把家乡那个贫穷落后的村子建设好、发展好。

所以毕业之后我就回到了大同市。我在大同经历了不少岗位，做了很多工作。

刚开始，团市委的领导认为我不适合做这个工作，认为大学生搞不了政治，和我敞开谈了很多东西，便让我去了青年宫。我在青年宫工作的时间不长，但是自认为干得挺成功。当时那里有一个戏园子，处于停业状态，我就想着把它弄起来，给市民唱唱戏。我管了三个月戏园子，各项工作搞得井井有条，还挣了不少钱，还了不少之前的债务。

当时恰逢市委组织部开展党员“双学”活动，要团市委推荐干部，条件是大学本科毕业，会写材料。作为团市委唯一的一个本科生，我被选入了大同市委组织部，投入学理论、学党章活动。

在市委组织部借调三年，我一边工作一边写稿子。《大同日报》

头版头条每月都会有我的文章，地方党建的稿子多数由我写好投给《人民日报》《光明日报》等。我在写稿子的过程中就写好材料了，大同市委市政府新闻中心主任很看好我。

从那时起我坚持七点上班，是部门每天第一个上班的人。之后在工作中，曾经遇到几个年轻人，起初也来得特别早，坚持了一段时间就不行了，因为他们的目的是好好表现从而让领导看见，而我当时没有和任何人说，也不是为了表现，只是为了自己而干，想脚踏实地做好自己的事情。

当时主任也去得早，我们经常同时第一个进食堂吃饭。主任渐渐就看上了我，将我调到大同市委市政府新闻中心担任通联科副科长。但是仅工作了三个月，由于一些原因，我又回到了组织部，在干科部借调了三年，主要工作还是写材料，经历了“三讲”教育和“三个代表”重要思想学习教育活动，参与了换届工作，参加了很多干部组织工作。

2001 年，我加入了中国共产党，此后长期在党务部门工作。我从小就深受党的培养教育，对党组织怀有深切的感恩之情，始终坚定政治立场、主动履行岗位职责、自觉遵守党规党纪、自觉维护党的形象，从那时起更加严格要求自己，把实现个人追求与实现党的奋斗目标、维护人民切身利益紧密联系起来，努力实现共产党人的人生价值。

2002 年，通过公开选拔干部，我正式进入大同市委组织部工作。2003 年，山西省委组织部借调我到省委组织部工作，一年之后我正式调任省委组织部，其间有五年每半年时间在中央组织部帮助工作。之后，我被组织安排到长治市武乡县挂职县委常委、副县长，任运城市委组织部常务副部长，2017 年到了运城市临猗县任县委书记。

工作这么多年，我一直都没有回到自己的村子去实现最初建设它的理想，也从没有跟当地的领导说要做什么、怎样做。作为一名党员干部，我只做自己应该做好的事情。一个地方有一个地方的管理办法，我决不会干扰别人的工作。我现在主要集中精力做乡村振兴的工作，如招商引资、促进校地合作、制定乡村振兴规划等。乡村振兴是我国现阶段工作的一个重点，地区发展是需要不断摸索和探索的，我会在自己的岗位上不断前进，始终跟随党中央领导，完成好自己的工作，无愧于当地人民。

◎ 全心奉献——推动完善大学生村官制度

2005 年到 2016 年，我积极推动了大学生村官制度的建立和落实。我是相关文件起草的参与者、直接实施者。虽然负责这项工作的单位一直在变，但大学生村官工作始终由我负责和参与，可以说完完整整地将大学生村官这项工作落到实处。某位同志曾说："大学生村官这项工作，你是做出历史贡献的，历史会记住你的。"这些年，负责大学生村官这项工作的人大都是认识我的。

中央之所以开展大学生村官这项工作，是为了适应时代的需要。到了 2005 年，山西省委考虑，农村要发展、搞新农村建设，就需要鼓励大学生面向基层，回到农村，改善农村干部的结构，到基层去建功立业，正所谓"农村广阔天地大有作为"。2008 年，大学生村官这项工作在全国推广。

选拔大学生村官、选调优秀的大学生到村任职工作，是为党和国家事业培养可靠接班人的一种途径，我们党需要一批熟悉农村、农民，热爱农村、农民的青年干部到村任职工作。事实证明，大学生村官对落后农村地区产生了很好的影响，带动改善了村民风貌，用自己的学识解决了基层的许多问题。起初村干部可能会不服气，觉得突然来了这么一个年轻人到村里任职工作，既麻烦又没什么用。但是过一段时间之后，大学生的作用就显现出来了，他用知识和能力改变了村干部的看法。现在好多干部都是从大学生村官成长起来的。所以我觉得这项工作很有必要，也很有意义。

没有哪一项工作是能够完全顺利的，一项新事业的开创更是面临诸多问题和挑战。大学生村官政策的制定不是一件容易的事情。由于全国各地的政策都不一样，中央要定一个统一的政策，将制度落实和稳定下来，需要克服种种困难。比如大学生村官转岗问题，大学生村官身份问题，大学生村官适应调整问题，如何帮助毕业生转变思维，如何保证去边远地区的大学生村官的基本生活不受影响，如何确保女大学生村官的安全，如何解决大学生村官和村干部的矛盾，大学生村官的工资怎么发、按照什么标准发、谁来发，这些都是需要我们一个一个研究破解的难题。

记得当年搞了一个“中国十佳大学生村官”的评选，我们山西的一个大学生村官选上了，但因为他是网上参评的，没有经过组织审查，后来中央领导要接见，我们推荐人的时候就把人选换了。这个孩子感到很不公平，闹情绪，这个问题的出现就证明我们管理上出现了漏洞，需要尽快弥补。

另外，有的农村特别贫困，艰苦程度超出想象。我们有次去走访调查，去那个农村几个小时都没看到人。了解后得知村里一共有两个人加一头驴。但这个村里面有大学生村官，还是一个女生。这个女生的安全和基本生活该怎么保证呢？作用该怎么发挥出来呢？这些就是需要思考的问题。

为了推动大学生村官制度不断完善，每年在北京都会有一个工作组专门研究各个地区出现的问题，中央组织部都会召开会议制定新的指导文件，我就被抽调去筹备会议、起草文件等，基本全程参与并推动这些工作。

这是一项富有挑战性的、完全创新的工作，一位领导同志到山西调研总结经验道：“这项工作能干好只有一条经验，那就是一个人干到底，一干干十年。”干一件事很难，干成一件事更是不容易。

虽然过程曲折，但经过那几年的锻炼，我应对困难挑战、解决问题的能力有所增强，也真切感受到党中央对维护国家政权稳定和保证干部长远发展的用心和决心，进一步掌握了我们基层的实际情况和处理问题的方法。

我没有什么座右铭，我只坚信“实事求是”是一个人最基本的准则。我经常讲，作为一个干部，或者说作为一个人，要实事求是。我认为，不论什么难事，只要实事求是地去做，就一定能够解决掉。

◎ 殷切寄语——担当青年时代使命

中国人民大学是我们党创办的第一所新型正规大学。一直以来，人大秉承“实事求是”的校训，弘扬“立学为民、治学报国”的光荣传统，培养了一大批杰出人才，是“人民共和国建设者”的摇篮，是中国人文社会科学领域的一面旗帜，有着深厚的人民情怀。感恩母校，让我在获取知识的同时，世界观、人生观、价值观得以进一步坚定，思维方式也经历了由破到立的质变。破除原来的思维方式，确立一个新的思维体系，可以说，在以后的学习和工作中，这一思维体系让我受用无穷。

在校园中看到年轻的脸庞很是亲切，我也想对学弟学妹们说一些话。我觉得同学们既要把专业课学习好，又要树立起正确的世界观、人生观、价值观。学习成绩其实并不能代表你在大学的收获，专业课学得再好，三观没有树牢是不行的，但是三观建立起来，专业课没有领先也还是能行的，因为学习的路很长，到了不同的岗位，还要学习新的知识。

党的十九大报告指出，中国特色社会主义进入了新时代。我们所处的这个新时代，是国家日益走近世界舞台中央、不断为人类做出更大贡献的时代。从全面建成小康社会到基本实现现代化，再到全面建成社会主义现代化强国，是新时代中国特色社会主义发展的战略安排，需要我们共同为之奋斗。

在新时代担当起青年使命，大家要注意增强自己三个方面的能力：一是自我认知能力。自知者明，自胜者强。认清目标、认清形势、认清能力，实事求是、脚踏实地、锲而不舍，你的人生才能在不断升华中绽放璀璨的烟火。二是社会实践能力。在任何岗位上脚踏实地，不断提升，用实干赢得未来，创造属于你们的时代传奇。三是自身免疫能力。自觉抵制诱惑和各种思想冲击，当你陷入困惑、迷茫和矛盾时，别忘了回头想想老师的谆谆教诲、学校的殷殷嘱托和自己的奋斗初衷。

学弟学妹们也应该学会感恩、懂得感恩，这是获取幸福的源泉。

懂得感恩父母，你就会做一个正直的人；懂得感恩母校，你就会将你的所学发挥到极致；懂得感恩组织，你就会兢兢业业地工作；懂得感恩社会，无论是顺境还是逆境，你都能幸福满满。感恩，会让我们的生活更美好。今后不管到什么岗位、什么级别，你都不应该忘记母校、忘记老师。把在学校学到的一切用于造福社会、造福人民、造福国家，才能不负学校的期望、国家的期望，站在时代潮头，担当起青年使命！

于鹏飞自述，本次采访时间为2021年10月，由中国人民大学校友工作办公室负责录音整理及文字编辑。

俞贺楠

|人物简介|

俞贺楠，中国人民大学劳动人事学院2007级硕士、2009级博士。曾任山西省大同市天镇县赵家沟乡薛牛坊村第一书记（人力资源社会保障部驻村干部），现任人力资源社会保障部劳动关系司企业工资调控处处长。曾获得“全国脱贫攻坚先进个人”“2020年全国脱贫攻坚奖贡献奖”“中央和国家机关优秀共产党员”等荣誉。

◎ 初心

“我希望能讲好故事，并传承下去。”

说到初心，我在求学期间很喜欢费孝通先生的《乡土中国》《江村经济》这两本书，也被费老驻扎田野的研究精神所触动。正是这种精神，驱使着我走近基层，在祖国最需要的地方，和乡亲们打成一片，真正做点实事，把论文写在祖国大地上，在从事政策研究时能够更好地对接群众需求。

去农村之前，我一直从事民生相关的劳动和社会保障研究。我尽管经常调研走访，但觉得遗憾的是，对基层特别是农村地区的了解仍然十分有限。

2018 年 9 月人力资源社会保障部有一个定点扶贫的报名机会，我主动请缨到国家级贫困县、山西省深度贫困县天镇县薛牛坊村担任第一书记。

怀着对村民们朴素的感情，我坚持轻伤不下火线，把群众利益放在首位，将党的扶贫政策真正落实到“最后一公里”，被乡亲们亲切地称为“博士书记”。

◎ 走上黄土高坡

我入村第一件事，就是深入调查，尽快了解当地的自然条件、经济情况和民生需求。

薛牛坊村资源匮乏。“水都烧不开”“种地都是用驴拉车”“十年九旱，靠天吃饭”“村里多是老人”“乡亲们都住在窑洞，一下雨就怕坍塌”，这就是我最初了解的村里的情况。

对村里的境况我感到忧虑。我在心里暗下决心，一定要为百姓做点什么。语言不通是工作中较大的阻碍。为了尽快和村民建立良好的沟通关系，我经常拉着村干部走访贫困户。时间一长，我用自己开朗豁达的性格打动了村里的很多老人。慢慢地大家都愿意主动找我交流了。

在村里，为了拉近和乡亲们的距离，我和乡亲们同吃、同住、同劳动。由于不会生炉子，冬天的时候，我就住在宿舍。每天早晨，唱着山歌半个小时就走到村里了。村里都是旱陡坡地，崴脚是常有的事。有一次秋收下雨、抢收红芸豆时脚崴得厉害，当时正是村里脱贫的关键时刻，我没有及时治疗，最终做了韧带修复手术。

◎ 乡亲们说我是好后生

入村半年，我被乡亲们的朴实所打动，但同时也发觉自己低估了基层工作的复杂性。脱贫工作中有很多烦琐的事情，也产生了很多利益冲突。我们心里要有一个大局观念，即只有少数人获利的事儿不能做。因此，我坚持向基层干部学习、向乡亲们学习，注重激发贫困群体的内生动力，而不能让“等、靠、要”思想泛滥。

在这个过程中，我们推出了人社爱心扶志超市，培养村民公益精神。乡村扶贫中关键的一点是，要建立稳定的动态监测机制和防返贫体系，落实好五保、低保等兜底政策。脱贫之后，谁家有困难仍然要做到及时解决。

看到村里的基础设施不是很完善，我们就想办法添置便民利民设备。每一笔钱都有出处，且公开透明，要保证程序公平。能帮村里争取的，我都会极力争取。可能是因为自己带着村党支部全心全意为群众谋利益的工作作风，始终抱着学习的心态与村干部、村民们共同成长，渐渐地我成了乡亲们眼中的好后生，这于我来说是莫大的荣光！

◎ 一切为了全村脱贫

在部党组和人力资源社会保障部驻天镇县扶贫工作队的指导与支持下，我们发挥人社部门的特长，结合天镇的特点，做出扶贫工作的特色，在党建引领、消费扶贫、产业扶贫以及乡村振兴等方面大胆探索创新，终于使薛牛坊村贫困发生率由70.04%下降至0.47%，实现了整村脱贫。

通过党建引领，我们建立了规章制度，有一支分工明确、凝聚力高的扶贫队伍。发展养殖业、种植业，建成扶贫车间等，依托人力资源社会保障部搭建平台、发展电商，我们积极寻找市场，将村民的辛勤劳作转化为丰收的硕果。

我们结合村里的大同紫玉资源，注册了“薛牛坊紫玉山庄”商标，建起了小杂粮合作社，同时使窑洞文化博物馆等成为紫玉品牌的一部分，增加了当地乡土文化的意蕴。这些做法，从根本上调动了贫困群体的内生动力，促进了脱贫产业的可持续运作。

看到工作顺利开展，乡亲们的日子一天天变好，我对薛牛坊村的未来也有很多期望。我认为薛牛坊村的发展，要依托大同市及县域经济的宏观建设，找准自己的村落特色。虽然窑洞拆了，但乡愁不能散。村里的老物件、窑洞文化博物馆、脱贫攻坚成果展等要展现在大家面前，讲好薛牛坊村的脱贫故事。

每次在去村里的路上，我都会从高处俯瞰远方。从春夏到秋冬，从窑洞到社会主义新农村，我感慨自己有幸参与并见证脱贫攻坚。

◎ 这是第二故乡

入选感动中国2020年度人物候选人，是对我扶贫工作的肯定，我感到非常荣幸。对此，我始终怀着感恩的心，感谢党和国家给予我的认可和激励。我也会把传递正能量当作终生的使命。

勤勉和谐的家风，让我从小就谨记父母的教诲，即要做好人、行好事。传统家庭的父母一般不太会表达对孩子的爱，但我仍能感受到父母对我的默默关心。父亲曾说“儿子在哪，家就在哪”，这种无声的陪伴支持着我在任何困难下都始终坚持奋斗在扶贫一线。

在薛牛坊村，乡亲们对我随行的父母都很关照，经常会给病重的母亲送些鹅蛋、鸡蛋、小米，母亲去世后也会经常去看望父亲。我很感谢乡亲们的心意，把我当成了自家人。在我心里，薛牛坊村早就成了我的第二故乡，乡亲们更是我的家人。

母亲的去世让我充满了无尽的哀思与遗憾。我的尚处于幼儿阶段的孩子，在电话中最常说的是“爸爸什么时候回家”。在孩子的记忆中，父亲总是匆匆而来，又匆匆而去。追思过去，薛牛坊村的扶贫时光承载着一家三代人共同的情感印记，在岁月里熠熠生辉。

“思念去世的母亲，挂念躺在病床上的父亲，想念在北京的妻儿。希望以后有时间多陪伴他们。”这是我自己的情况，但通过自身，我也能想到无数扎根基层、默默奉献的扶贫干部背后，是无数家庭的默默支持与陪伴。他们不仅是伟大历史的见证者，也是整个脱贫攻坚战的亲历者，对此我深表敬意。

◎ 母校教我为人民

我的父母在 20 世纪 90 年代下岗。从那时起我就立志学社会保障专业。伴随着本硕博的读书生涯，专业视野已经深深融入我自身的价值体系。我的博士论文写的是新中国教育福利制度变迁，研究流动儿童、贫困儿童、残障儿童的教育福利问题。我崇尚公平、正义、共享的社会政策理念，效率与公平也是我一直在思考的问题。

这些年来，我一直在坚持研究民生保障问题，关注重点群体。“我的研究可能改变不了什么，但我还是要做。”作为一个人民大学毕业的学子，我必须为人民做出点什么，这是责任使然。

在我的求学生涯中很多老师对我的帮助和影响都很大。“人民大学的老师和学生都是有情怀的。师生之间的距离也很近，我们应该感谢老师的教导并传承这种精神。”我在人大师从郑功成教授。郑老师长期关注和研究民生问题，笔耕不辍，潜心研究，为中国社会保障制度改革建言献策。我经常向导师请教问题，参与中国社会保障学会组织的各种学术研讨会，总能受到很多新的启发。

中国人民大学是我们党创办的第一所新型正规大学，与党的红色基因与历史一脉相承。人大学子更应该传承我们党的优良传统，投身新时代的事业，把论文写在祖国大地上。我对人大有着美好的祝福，对师弟师妹们有着诚挚的期望。

崇尚英雄才会产生英雄，争做英雄才能英雄辈出。而我们能做的就是把故事讲好，引领更多人参与。

俞贺楠自述，本次采访时间为 2021 年 4 月，由中国人民大学校友工作办公室负责录音整理及文字编辑。

郑军平

|人物简介|

郑军平，1980 年 4 月生，1998—2002 年就读于中国人民大学国民经济管理系，获学士学位。毕业后回到江西工作，历任多个岗位，2016 年 8 月任峡江县委副书记，2020 年任峡江县委书记。

◎ 毅然学理，结缘人大

我是江西吉安新干县人，父母都是农民，家境也比较贫困。我从小就在偏僻的山村小学读书，成绩属于中上等。我对儿时记忆最为深刻的就是冬天特别冷，当时去县城参加作文比赛，因为气温太低，手冻僵了，写字都有点费劲。我初高中去了城关镇的中学，在这里我的成绩算比较好的，依稀还记得中考在全县考了第一名。高中我学的是理科而不是文科。当时很多了解我的老师都认为我更适合学文科，学理科可能相对费劲，会不如别的更有天赋的同学。但我却有点不服输，凭什么说我读理科不行？所以在高二开始分文理科的时候，我毅然地选择了读理科。

与中国人民大学的结缘，在一次不经意的驻足，这个过程的确也挺意外的。不同于现在，那个时候信息非常闭塞。而我们作为农村的孩子，父母都是农民，对大学一无所知。我记得高二升高三的暑假，我到我们县中去玩，看到了县中 1997 年的高考录取榜，上面写着某某某录取到中国人民大学。后来别人告诉我，这个学校很有名，是国内很好的大学，我就默默记在了心里。到了高三，我对人民大学有了进一步的了解，逐渐地，内心便生出了许多向往。1998 年人民大学在江西不管文科、理科都只招十多个学生，我坚定地选择了要去人民大学。

◎ 加倍努力，勤工俭学

大学生活塑造了我。初入大学，我的感受就颇多。人民大学的学习氛围非常浓厚，大家早起去晨读，晚上会到自习室去占座。第二天如果有一些专业性比较强的大课，比如数学课，一些同学会提前去占座。这种浓厚的学习氛围时刻感染着我，让我身处其中也会不自觉地拥有向上的动力。同时，人大的同学们也非常优秀，接受能力明显更强，悟性也更高，涉猎广泛，每一位都是值得我学习的榜样。我时常会觉得非常吃力，甚至有些赶不上大家的步伐，因此我也就加倍努力地学习。

勤工俭学是我大学期间除了学习以外的另一个主题，可以说勤工俭学伴随了我整个四年的大学生活，对我而言也非常难忘。从入学后第一个学期到最后本科毕业，我都在勤工俭学的路上。我的主要工作有家教、校对、短暂零工……我大学期间的花费既有家里支持的，也有通过助学贷款解决的，还有靠自己勤工俭学挣得的。这样的经历也让我接触到了学校之外的一些人和事，这可能也是我大学生活里不同于他人的一段比较深刻的回忆。我还记得当时做家教，总会接触到一些不同的家庭和孩子，他们虽然总体上都对我非常好，但态度各有不同。我偶尔在一些地方打零工，在这个过程中我既体会过他人带来的温暖，也感受过一些委屈。我逐渐学会了观察，观察社会中的一些人和事。这段经历在某种程度上影响着我，比如思考问题的出发点、与人为善的情怀，甚至在一定程度上也影响了我毕业后的选择。我毕业后选择了尽快就业，而不是去报考研究生以继续学业，这也是出于对自身家庭经济条件的考量。

另外，大学期间有一位老师令我特别难忘，她是靳晓黎老师。靳老师非常敬业，学识渊博，讲课深入浅出，又十分风趣幽默，听她的课程于我而言是一种享受。与此同时，靳老师对学生也非常关心，同学们碰到任何困难或是坎坷，她都会了解情况，予以关心和帮助。靳老师的个人经历也非常坎坷，爱人此前已经去世，孩子又生了重病，我们毕业几年以后靳老师也因病去世了，至今我们全班都非常怀念她。

◎ 扎根基层，奉献青春

我毕业的时候是2002年，那个时候中国人民大学的毕业生都有很多的就业选择和不错的就业前景。当时，我也有一些非常不错的机会可以选择，但我最终还是选择了回我的家乡江西就业。原因很简单：其一，我的父母已经60多岁了，他们含辛茹苦抚育我长大，我也希望在未来能在他们身边更多地照顾他们的生活，不要让父母为我担忧；其二，我是农村长大的孩子，有着农村情结，我更愿意扎根基层，也相信自己能够在基层做得很好。所以，也没有太多的犹豫，我参加了江西省委组织部在北京举办的选拔考试，并且成功地被选调回江西。对于很多人而言，留在北京、广州肯定是更好的选择，当时广州发展改革委提供的条件明显更为优渥，很多人劝我多加思量。我还记得李丽娜老师问过我的想法并且希望我能认真权衡。我非常感谢老师的关心，但我的想法是，既然已经做出了选择，我就到基层去，在那里发光发热。

我的工作经历比较丰富。我选调回江西的第一个岗位是镇长助理，之后我担任了副县长，并且兼任了一个乡的党委书记。我不仅在县委、县政府工作过，还在市委办公室和吉安市团市委工作过。这些工作经历，不仅提高了我各方面的能力，也让我有了一定的体会和思考。

第一，中国农村经历了翻天覆地的变化。我参加工作期间，农村政策经历了重大变革，在政策引导下的中国农村发生了翻天覆地的变化。我参加工作是2002年，当时正值农村税费改革时期。在那个时期，农业税没有完全免除，粮食价格比较低，农民收入渠道狭窄，农民生活水平还比较低，基层干部待遇较低，工作环境也相对复杂。之后，国家出台了一系列的政策：农村税费不断改革，取消农业税、补贴种粮农户；社会主义新农村建设也在如火如荼地开展，如完善农村基础设施建设，推进“村村通公路”；实行新型农村合作医疗制度，变革农村医疗体系，解决农民看病的重大难题，为群众身体健康带去保障；实施脱贫攻坚，让最困难的这部分人和大家一起实现全面小康……一系列惠农政策的实施与推进，使农村有了巨大的发展与变革。这种巨大的社会变迁给农业、农村、农民带来的切实优惠，让我这名基层工作者感受极为深刻。

第二，基层工作十分艰难，基层干部也确实艰辛。伴随着中国城镇化进程的加快，土地征收、房屋拆迁等工作大量推进。一些征地拆迁事件、政府与被征地拆迁村民间的对立等，被舆论媒体加以炒作，政府与村民的矛盾进一步激化。我在其中做工作，深刻感受到基层干部的困难、无奈和焦虑。我们这里有个永丰县，我曾在这里任县委常委、县政府副县长，主管主抓的就是城市建设和国土方面的工作，并且负责解决一些非常棘手的问题：一个是征地，另一个就是处理县城周边村庄中大量违章建筑。由此，当时我的工作环境、工作压力可想而知，感受也格外深刻。应该说，其中的矛盾极其错综复杂，各方都有各方的无奈。在城镇化建设的推进当中，这些困难与矛盾集中地在这个时期爆发出来，县委、县政府在这方面的工作也确实是非常艰难的。

◎ 脱贫攻坚，铿锵前行

脱贫攻坚是我们基层工作者近些年抓的头号工作。我 2016 年任峡江县县长，到 2020 年我们实现了贫困人口全部清零，完成了全部脱贫的重任。参与脱贫攻坚工作，给我带来了非常深刻的感受，主要可以归纳为几点。

第一，脱贫攻坚工作面对的是最困难、最弱势的群众。江西省跟“三区三州”的贫困原因不太一样，就江西中部丘陵地带的贫困发生情况来讲，贫困的发生跟疾病的困扰密切相关，也就是说在自然条件、生态条件相对较好的低丘缓坡地区，2/3 以上的致贫原因是家庭成员的重病、残疾。

第二，开展脱贫攻坚工作必须突出“精准”两个字。习近平总书记再三强调精准扶贫。怎么样精准呢？要因户施策、因人施策，不能采取大水漫灌、一刀切的政策。党员干部结对帮扶，根据每家每户的情况采取不同的帮扶措施。例如，这户人家适合发展什么产业？是适合自主发展，还是加入合作社发展？具体是养殖还是种植？需要的劳动量是大是小？这户人家是否还能够就业，是否有劳动能力？能够采取什么样的就业形式？总而言之，只有精准才会有可持续的脱贫。

第三，阻断贫困的代际传递，实现脱贫的长效性。我们需要解决脱贫攻坚的内生动力问题。所谓内生动力，就是指贫困户必须自己有强烈的脱贫致富愿望，必须在自己的能力范围内自力更生、勤劳致富。同时，我们也一定要关注贫困人口的子女教育问题，要让他们接受教育，掌握知识文化，让他们拥有一技之长，才有可能使得家庭后代摆脱贫困，改变家庭的命运。举个例子，我曾帮扶的一户贫困户，夫妻二人都是70来岁，都有一些慢性病。我们就根据他们的实际情况进行帮扶。首先，为他们办理农村低保，同时提供贫困户医疗报销，这样他们生病住院后自己出的钱就很少了。其次，帮助他们种植经济林。最后，帮助他们流转耕地，扶持他们养牛等。通过多方面的措施，我们帮助他们老两口解决了非常大的困难，因此，他们老两口对共产党非常感恩，认为没有共产党、没有习近平总书记引领脱贫攻坚，他们很难活到今天。能让他们摆脱贫困从而过上更好的生活，我们也感到非常幸福。

第四，脱贫工作需要不断巩固。这里需要明确一个概念，贫困户的“清零”不是真正的消灭式清零，而是能够保持的动态清零。针对脱贫攻坚成果的巩固拓展，我们也有多方面的措施。第一个是推行遇困即扶机制，实时监测脱贫户和边缘户。如果监测到他家里出现了一些变故，比如因为一些大的经济支出又陷入贫困的话，即扶机制就会启动，我们会马上进行扶持，即“遇困即扶”。第二个是采取一些帮扶措施，保证他们的生活质量不下降，比如产业帮扶、就业帮扶。第三个是利用一些重大的政策措施来兜底。比如采取农村低保制度、社会救助制度，从而保障最困难的群体。有些家庭确实是缺乏劳动力，对此只能通过政策保障和社会救助来兜底。另外，对于因病致贫的情况，也有相应的保障制度，我们称其为“三道保障线”。第一道保障线是新农村合作医疗，能够报销一部分治病的支出。如果花费太多就需要第二道保障线，即大病救助。但大病救助也有相应的标准，如果开支太大，大病救助依旧无法覆盖，我们就会引入第三道保障线——由专门保险公司开发的针对贫困户的大病保险，根据被保障对象的具体情况，再提供给他们一些帮助。通过这三道保障线，相关群体看病住院的报销比例基本可以达到90%左右。概括而言，一是动态清零，二是一旦返贫马上就有救助措施，三是通过一些长效的政策和保障制度对这种患大病且极度缺乏劳动力的家庭进行兜底。

扶贫的难点与痛点有很多。我们先要明确贫困的根源在哪里。总结而言，一是缺乏劳动力，二是缺乏科学知识、文化水平较低，三是抗风险的能力比较弱。要从根源上解决贫困问题，就需要对此予以针对性解决。另外，有一点跟我们平常想象的可能有些不同，即农村的亲情扶助在脱贫攻坚中起到的作用不是太大。贫困户的直系亲属，比如说兄弟姐妹之间的扶持力度还不大，这让我们觉得有些遗憾，当然也需要改变这种情况。

于我个人而言，参与脱贫攻坚工作也是一个锤炼党性的过程。如果不是对群众有着深厚的感情，不是对弱势群体有着悲悯之心，很难真正静下心来，全心全力地投入这项工作当中。即便你能做到，可能也是因为工作压力的传导，而不是发自内心地投入。所以，对于在基层的共产党员，这也是一次锤炼党性的机会。另外，我觉得脱贫攻坚也是对党员干部统筹谋划能力的一个考验。之所以这么说，是因为我们这次的脱贫攻坚区别以往的最大特点就是精准扶贫，突出精准，突出因户施策、因人施策。作为地方负责人，你怎么样根据你所管辖区域内的贫困状况、贫困户的状况、贫困人口的状况，制定或落实精准扶贫的政策，使得投入资金的利用效率更高、扶贫的效果更好，这对负责人的统筹谋划能力也是一个很大的考验。参与脱贫攻坚工作，我觉得自己的党性得到了锤炼，也提高了自己根据客观实际情况来加强谋划、推动落实的能力。

◎ 不忘初心，携手共进

作为一个离校已久的毕业生，我希望在校的同学们抓好自己的主责主业、抓好学习，磨刀不误砍柴工。我也希望在选择去向的时候，你能够对自己以及自己的家庭进行一个综合的评估判断，因为只有适合的才是最好的。

我在基层工作最突出的体会就是四个字——“实事求是”。这也是咱们人大的校训。我国幅员辽阔，各个地区之间的差异很大。不管你来自城市还是农村，你都需要深入基层了解情况，做到实事求是。在基层工作中要接地气，要因地制宜、因时制宜。我希望人大的选调师弟师妹们，把期望放低。我们是否有能力、是否能做好工作、是否能通过自己的努力脱颖而出，都要用时间来检验。学习能锻炼我们的观察能力、领悟能力、思考能力和总结能力。工作之后是学习跟思考谋划并重，甚至有时候思考谋划更为重要。我们要在学习的基础上加工提炼，把这种学习到的能力，转化为工作的方法和措施，转化为对基层的观察、思考、总结、决策和执行，加强工作谋划的系统性，做到统筹兼顾。

时至今日，我依然感念我的母校中国人民大学。当时东门左边去东区食堂的那条路上，经常挂着一条横幅——“今天我以人大为荣，明天人大以我为荣”。作为在基层的校友，这些年我们一直在母校的光辉与荣耀下成长。我会时刻铭记母校的教诲，不忘初心，砥砺前行！

郑军平自述，本次采访时间为2021年，由中国人民大学校友工作办公室负责录音整理及文字编辑。

周杨

|人物简介|

周杨，2015 年 9 月至 2018 年 12 月就读于中国人民大学环境学院自然资源管理专业，获博士学位。在湖南省自然资源厅工作，湖南省自然资源厅驻湖南省邵阳市隆回县石托村定点扶贫工作队队员。

2018年12月，我从中国人民大学环境学院博士毕业，背上行囊从北京出发，翻过了老家红色革命老区大别山，越过了波澜壮阔的洞庭湖畔，怀着激动的心情，作为一名湖南省委组织部定向选调生来到了热情豪迈的潇湘大地，被分配到湖南省自然资源厅国土空间生态修复处参加工作。我匆匆办理好入职手续后，就风风火火一头扎进湖南省自然资源厅在湖南省邵阳市隆回县的驻点扶贫村——石托村。在石托村的扶贫时光里，我渐渐经历了从“同学”到“同志”的称呼转变，从学习输入到实践输出的思维转变，从个人小我到家国情怀的价值转变。我收获了友谊、增长了见识、磨炼了本领，也逐渐适应了扶贫工作那种“天下大事必作于细”的严谨有序，深刻领会了脱贫攻坚赋予的“民之所望政之所向”的庄严使命！

驻村帮扶是我难忘的一段宝贵经历。在扶贫村，我与队友们一同见证了混浊的生活用水转变为来自百米深井的矿泉水，见证了伸手不见五指的道路装上了明亮的路灯，见证了落后贫瘠的土地上盛开出大有希望的祖国花朵。湖南自古就有经世致用的精神传承，当我意识到柴米油盐都是与困难群众休戚相关的生计大事时，我会真实感受到为群众分担、为人民服务才是真正的经世之学。

◎ 融入工作队，攥紧拳头团结力量

我刚来到驻点扶贫村，工作队队长就兴致勃勃地在自然资源部门制作的贫困村高清遥感图上为我详细介绍扶贫谋划和发展构想。我怀着好奇和忐忑的心情很快就投入工作。跟工作队一道，我们同吃、同住、同加班、同学习，似乎又回到了学生生涯，大家建立起了深厚的感情。刚到村时，条件很差，用泥水洗澡、受蚊虫叮咬、

水土不服等情况都是常态，但大家团结一致，荣辱与共，相互勉励着完成了大量的工作。我们扎实走访贫困户，不记得多少寒雨烈日里进去过每一户多少回。我们先是摸清了贫困村的贫困底数，而后全面完善了“一户一档”、扶贫手册等基本资料，通过对接技术部门开发贫困户遥感定位动态 PC 端软件和结对帮扶手机 App，仔细核查贫困户系统，精细化管理扶贫工作。在完成一系列繁杂细致的工作后，我们实现了县级“精准扶贫基础工作示范村”创建达标；严格落实“两不愁三保障”到位，落实教育类费用减免，对全村房屋开展危房鉴定并对危房进行改造修缮，实现医疗保障全村全覆盖，组织进村义诊……在厅党组的领导下，我们协调组织全厅及直属单位处级以上领导干部全覆盖结对帮扶贫困户，与贫困户建立深厚感情，结成了“亲戚”。在寒冷的星夜里，我有时为孤寡老人送去棉被，有时去田间检查汛情火情。一些老人感激的眼神常常让我感动，奋起扑灭山火后群众那些真诚的感谢言语又让我充满无尽的力量。在每个傍晚，我们边散步边在村庄各处建设工程巡查，每一天都在为这个村庄的变化心生快意。

◎ 助力村干部，用情用力热情分担

驻村帮扶要先建强支部。过往的石托村贫困和落后交织，核心原因就是基层组织不强。村干部是扶贫工作中重要的“润滑剂”和“翻译官”，是政策落实的“最后一公里”。在石托村，我积极与村干部协调配合，在工作上多分担、多理解，努力适应村民角色。空闲时我常常找他们聊天，作为他乡人，先破除语言障碍。我们一同走村串户、张贴标语、发放材料，他们待我如亲人，我也是他们眼中不一样的扶贫博士。我配合工作队做好党建工作，从抓党建促脱贫入手，大力加强基层党组织建设，助力基层党组织摘掉已有的“软弱涣散党组织”帽子。通过严格落实支委会议、党员大会、组织生活会、主题党日、党课等党建工作，组织全村党员赴韶山等地开展外出思想教育活动和乡村发展调研，积极培育优秀村民、入党积极分子、新党员等后备力量，促成“五化”支部建设创建达标，党务工作由此取得显著实效。石托村被评为“村级绩效考核评估与文明建设目标管理先进单位”“脱贫攻坚工作先进单位”“烤烟生产先进单位”，党建流动红旗常驻石托。如今，石托村村干部的工作技能大大增强，更加彰显出责任感和担当，全村党员更加热衷村务工作，大家凝聚在一起，干事创业充满着力量。

扎根潇湘热土，坚持革命底色。石托村脱贫后，我也开始了基层工作的第二段旅程——在隆回县自然资源局继续挂职锻炼。

工作岗位的转变也是角色的转变。我通过在学中干、在干中学的方式，靠前学习、充分调研，始终牢记习近平总书记勉励中青年干部时所说的“要做起而行之的行动者、不做坐而论道的清谈客，当攻坚克难的奋斗者、不当怕见风雨的泥菩萨”。随着工作深入，时常回过头我才顿悟母校所倡导的要我们做“国民表率、社会栋梁”的初心。“时代是出卷人，我们是答卷人，人民是阅卷人”，无数人大学子闻令而动，只争朝夕，不负韶华，在祖国大地上筑起了一座座挺立一线奋进拼搏的战斗堡垒，我为参与其中而深感自豪！

在挂职锻炼期间，我积极抓好分管工作和重点项目工程管理，做好工作汇报的纽带，进一步推动扶贫工作。“行之力则知愈进，知之深则行愈达。”我深感在机关工作更要知行合一，不断深入实践才能不断精进认识，从而使实践也更加有方向。基层自然资源事业是一个大舞台，在这里我更加全面地了解了自然资源业务工作，也进一步认识到要努力向基层学、向群众学、向领导学、向同事学，更要学好为人处世，学会团结合作，牢记廉洁奉公，始终老老实实做人、踏踏实实做事，为地方自然资源事业发展努力贡献自己的一份力量。

◎ 真诚待老乡，服务群众谋求发展

“脚上沾有多少泥土，心中就沉淀多少真情。”扶贫时，我牢记要培育为民情怀，怀着“利民之事，丝发必兴”的信念为老乡服务。

每一次群众来访，口音听不懂我就喊来翻译，一点一点试着理解；遇到情绪激动的村民，我就静心聆听，耐心劝说，疏导情绪讲清道理。我为不舍得吃穿用的贫困户换上工作队驻地使用的白炽灯；也经历了身患绝症的贫困老人在我们的关心下度过最后平和感动的时光；还与有点小学问的残障贫困户交流，帮他修改一首首通俗有趣的扶贫打油诗……付出收获感动，奉献回报善良，我始终坚持不忘群众期待，始终坚定服务本色。

在我们的努力下，石托村得到了各级支持，大力补齐了基础设施短板和弥补了公共服务缺失。“要致富，先修路”，我们完成新修及拓宽硬化路、机耕道，村庄之间全面通畅并形成路网。“饮水安全大于天”，为解决多年以来由水质造成的因病致贫现状，我们协调相关单位为村里打下两口深井，其中一口还是富锶井水且正在进行商业价值开发；同时连通了县城的自来水管网，全面彻底解决了饮水安全问题。“点亮村庄，温暖人心”，为解决夜间行车行人安全隐患，我们在全村安装了优质太阳能路灯，并布设视频监控系统，为石托村装上了“眼睛”。我们在全县开展“厕所革命”，改造无害化卫生厕所，大力推进入户路硬化工程，实现进村“脚不沾泥”。

扶贫产业是持续脱贫致富的不竭动力，要变“输血”为“造血”。为了打造石托村优质特色产业，我们布局了一个特色果蔬大棚生态示范基地，提质改造了一个鸵鸟特色养殖基地，支持建设了一个工艺品加工扶贫车间和一座扶贫光伏发电站。通过联系省级农业专家开展产业培训、联系能人村民回乡创业等方式，将产业与扶贫相结合；通过贫困户务工、产业奖补、流转分红等方式，帮助村民和村集体经济增收。依靠派驻单位优势，争取投入专项资金，在石托村开展城乡建设用地增减挂钩等项目，改造“空心房”和提高人居环境质量，为乡村振兴打下坚实的基础。

◎ 争做多面手，挥洒汗水修身谋德

思想是指南针，生活是定海针，工作是绣花针。在扶贫村工作时我不分分内分外，不竭余力发挥自身优势、贡献自身力量。如何在庞杂而又细致的村级事务里，不仅做到政策精通，而且能快速正确地处理村里方方面面的问题，一直以来是我思考并在探索实践的课题。对标贫困村脱贫出列“两个完善”要求，我投入村级公共服务功能建设，着力谋求如何加大便民服务力度。我们在新建的村级综合服务平台基础上，完善了阅览室、卫生室、文化墙、公开栏等配套设施，并实践了河南兰考县的爱心美德公益超市模式，通过设置“卫生评比”等指标，向村民发放积分卡。通过拉动公益捐助方式筹办村级便民超市，村民再通过积分换取日常生活用品，这种模式大大激发了村民热衷公益、积极参加村级事务的热情。我们开办“四点半课堂”，充分利用阅览室，面向全村小朋友开展课后集中辅导和进行阅读引导，不仅为农忙时村民家长分担了孩童照看压力，还大大激发了小朋友的学习兴趣，并得到了各后盾单位的积极捐赠支持。我们建好卫生室以解决就医难，举办扶贫夜校以培训产业技能，召开民情恳谈会以普及政策，举行送春风献爱心活动、中秋 / 重阳茶话会、教师节 / 建军节座谈会以了解民意，大力推进消费扶贫助力汛期 / 疫情期间复工复产自救，维护脱贫攻坚胜利成果。在开展这一次次具体的民心民生活动时，我能切身感受到贫困村村民对我们逐渐提高的满意度和他们不断提升的幸福感、获得感。最终，我们在隆回县驻村扶贫工作评比中名列前茅。2019 年 9 月，国务院扶贫开发领导小组来到石托村督查，对驻村帮扶工作表示充分肯定。不少媒体对石托村扶贫专题工作展开过报道。2020 年 9 月，习近平总书记来到湖南考察，隆回县委书记作为全省唯一一个参加座谈会的基层党政干部向总书记汇报扶贫工作成绩，我们深为自己参与其中而感到骄傲。

“士不可不弘毅，任重而道远。”我们生逢其时，重任在肩。实践是工作和学习的试金石，成长时刻伴随着经验积累和思考沉淀。在基层的岁月里，我无比感慨那些迷茫、失落、惆怅，更多地却是收获了坚定、笃行、信仰。少年情飞四海家，曾经梦想的诗与远方，此刻也有了更深远、更高尚的价值诠释，是奉献，是担当，是落子无悔的先忧后乐，是敢为人先的家国情怀。牢记使命，砥砺成长，我将努力站得更高、看得更远、做得更实、行得更稳，将全部青春和热血奉献给这个伟大的时代！

周杨自述，本次采访时间为2022年，由中国人民大学校友工作办公室负责录音整理及文字编辑。

图书在版编目（CIP）数据

奋斗在基层一线的人大人 ：中国人民大学校友口述史．第三辑 / 中国人民大学校友工作办公室编写．北京 ：中国人民大学出版社，2024．9．-- ISBN 978-7-300-33147-8

Ⅰ．G649.281

中国国家版本馆 CIP 数据核字第 2024FH0023 号

奋斗在基层一线的人大人

中国人民大学校友口述史（第三辑）

中国人民大学校友工作办公室　编写

Fendou Zai Jiceng Yixian De Rendaren

出版发行	中国人民大学出版社		
社　　址	北京中关村大街 31 号	**邮政编码**	100080
电　　话	010－62511242（总编室）		010－62511770（质管部）
	010－82501766（邮购部）		010－62514148（门市部）
	010－62515195（发行公司）		010－62515275（盗版举报）
网　　址	http://www.crup.com.cn		
经　　销	新华书店		
印　　刷	唐山玺诚印务有限公司		
开　　本	720 mm × 1000 mm　1/16	**版　　次**	2024 年 9 月第 1 版
印　　张	14.5 插页 1	**印　　次**	2024 年 9 月第 1 次印刷
字　　数	197 000	**定　　价**	79.00 元
